누구나,
누구나 씨가
될 수 있다

누구나, 누구나 씨가 될 수 있다

초판 1쇄 발행 2025년 6월 18일

지은이 이성영
펴낸이 장길수
펴낸곳 지식과감성#
출판등록 제2012-000081호

교정 이주희
디자인 김희영
편집 김희영
검수 주경민, 정윤솔
마케팅 김윤길

주소 서울시 금천구 벚꽃로298 대륭포스트타워6차 1212호
전화 070-4651-3730~4
팩스 070-4325-7006
이메일 ksbookup@naver.com
홈페이지 www.knsbookup.com

ISBN 979-11-392-2654-6(03810)
값 6,000원

- 이 책의 판권은 지은이에게 있습니다.
- 이 책 내용의 전부 또는 일부를 재사용하려면 반드시 지은이의 서면 동의를 받아야 합니다.
- 잘못된 책은 구입하신 곳에서 바꾸어 드립니다.

지식과감성#
홈페이지 바로가기

누구나,
누구나 씨가
될 수 있다

이성영 글

차례

누구나   6

입냄새   10

똥배   19

에~   31

그건 그 사람 사정이고요!   40

파마머리는 푹신하다?   55

그냥 그렇게 흘러간다   63

에필로그   71

누구나

누구나를 처음 알게 된 것은 고등학교 2학년 때였다. 우리 고등학교는 남녀공학이었지만, 남녀 반이 따로 있었다. 여자 고등학생들에게는 다양한 수다 주제들이 있었지만, 남녀공학에서 단골 수다 주제는 단연 이성에 대한 것이었다. 그때 처음으로 누구나에 대해 알게 되었다.

"3반 누구나는 왜 매일매일 잘생김의 연속이냐?"

"맞아, 그냥 가만히 있어도 멋있는데, 체육 시간에 땀에 흠뻑 젖은 모습은 정말…."

누구나는 언제나 여자아이들의 선망의 대상이었다. 주변에서 하도 많이 얘기를 하다 보니, 남자에게 딱히 관심이 없던 나조차도 누구나를 알게 되었고, 들리는 소문만으로도 누구나의 일거수일투족을 알고 있을 정도였다. 같은 교회를 다닌다는 친구의 말로는 누구나가 드럼과 기타도 아주 잘 쳐서 교회에서도 인기가 많다고 했다. 특히 매년 10월마다 교회에서 열리는 '문학의 밤' 행사(교회에서 중·고등학생 위주로 합창, 중창, 콩트, 연극 등의 공연을 하는 행사. 친구들을 초청해 공연을 보여 주고 맛있는 간식도 나누며 전도의 기회를 마련하는 행사임)에서 누구나의 기타 연주와 연극 연기를 보고 반해 버린 여학생들이 많았다고 했다. 그래서 신앙심이 있어서가 아니라 단순히 누구나를 보기 위해, 그 교회 중·고등부에 등록하는 여학생들도 많았다고 했다. 90년대 후반의 고등학교는 남녀 모두 두발 단속이 매우 엄격했다. 여학생은 귀밑 5cm가 규율이었고, 남학생은 머리 길이가 5cm를 넘으면 안 되었다. 그럼에도 불구하고 머리를 기르고 다니는 남학생들이 있었는데, 그런 친구들은 아침마다 단속을 하는 선도부와 선도부 선생님들을 피하기 위해 새벽 6시가 되기도 전에 등교했다. 또한, 밤 10시까지 이어지는 야자 시간에는 선생님에게 걸리지 않으려고 구석진 곳에 앉아 최대한 머리를 숙이고 공부하는 척하며 단속을 피하곤 했다.

아마도 누구나도 그런 노력을 했던 남학생들 중 한 명이었을 것이다. 내 기억에는 누구나의 머리가 짧았던 적이 거의 없었기 때문이다. 그는 당시 한창 유행하던 장국영이나 다른 홍콩 연예인들처럼 앞머리를 거의 눈을 가릴 정도로 길게 내리고 다녔다. 여자아이들은 그를 순정 만화나 홍콩 영화에 나오는 남자 주인공 같다고 얘기하곤 했다. 그런 누구나였는데….

"김 팀장, 인사하세요. 여기는 경영지원팀 누구나 과장입니다."

첫눈에 알아볼 수 있었다. 20년이 지났지만, 그는 분명 고등학교 때 그 누구나였다. 다만, 변한 모습도 눈에 띄었다. 짙었던 눈썹은 희미해져 거의 남지 않았고, 완전 대머리는 아니었지만 머리숱이 적어져 속이 비어 보였다. 머리카락은 무스인지 젤인지로 단정히 발라 2 대 8 가르마를 타고 있었다. 우윳빛처럼 하얗고 깨끗했던 피부는 거칠고 거무칙칙해졌으며, 귀밑부터 코와 턱까지 이어지는 짙은 수염 자국이 눈에 띄었다. 날렵했던 턱은 이중턱으로 변했고, 팔과 다리는 여전히 가늘었지만 배는 임

산부처럼 볼록하게 튀어나와 있었다. 그럼에도 나는 단번에 알아볼 수 있었다. 고등학교 때의 그 누구나였다.

"아… 안녕하세요. 항체팀에 새로 온 김혜민 팀장입니다."

"예, 누구나입니다."

컴퓨터 모니터에 시선을 고정하고 있던 누구나는 무심한 듯 살짝 고개만 숙이며 인사를 했다. 그러고는 다시 컴퓨터 화면으로 시선을 돌렸다.

"누 과장, 여기 김 팀장도 명문고등학교 나왔대."

'아… 부장님, 왜 그 얘기를….'

속으로 원망의 목소리를 삼켰다.

"김 팀장도 학번이 99학번이라고 했으니까, 같은 나이 아닌가? 그러면 고등학교 때 서로 봤을 수도 있는 거 아닌가?"

부장님의 말에 누구나는 한 꼬집의 거만한 눈빛과 한 꼬집의 미소를 띤 채, 턱을 아주 살짝 치켜들며 나를 쳐다보았다. 거만하지만, 거만해 보이지 않으려고 한 것 같았는데, 충분히 거만해 보였다.

"그럼, 나 알겠네요. 고등학교 때 나 모르는 여학생들은 없었는데."

젤인지 무스인지 잔뜩 발라져 있는 머리를 손으로 쓱 한 번 훑으며 의자를 뒤로 젖혔다. 그 동작 때문에 안 그래도 볼록 나온 배가 더 도드라져 보였다.

"그래, 나 이게 궁금했어. 김 팀장, 진짜야? 진짜 누 과장이 고등학교 때 그렇게 인기가 많았어? 맨날 그 얘기를 하는데, 믿을 수가 있어야지."

부장님이 한껏 궁금하다는 표정을 지으며 나를 쳐다보았다. 마치 "아니지? 그럴 리가 없지?"라고 묻는 것 같았다.

"아… 제가… 워낙 없는 듯 고등학교 생활을 해서요. 저를 아는 친구들도 많지 않고, 제가 아는 친구들도 많지 않았어요."

대답을 하고 있는 나조차도 어색하다고 느낄 정도로, 어색한 웃음을 지어 보이며 말했다.

"인기 없었네. 이럴 줄 알았어."

내 대답에 부장님은 신나게 맞장구를 치며 좋아했다.

"쩝, 진짜 학교생활 안 했었나 보네. 날 몰랐던 거 보면. 쩝."

그런 부장의 반응에는 전혀 신경 쓰지 않는 듯, 누구나는 "쩝."이라는 듣기 불편한 소리를 내며 의자를 책상 쪽으로 끌어당겼다. 그러면서 시선을 다시 모니터로 돌렸다. 그다지 기분이 좋아 보이진 않았다.

"거 봐, 그럴 줄 알았어. 그럴 리가 없지! 김 팀장이 잘 왔네. 맨날 우기더라고."

부장님은 내 어깨를 가볍게 툭 치며 눈치 없이 연신 "그럴 리가 없지."라는 말을 신나게 반복했다.

"자, 인사는 다 했고, 오늘 점심은 나랑 먹읍시다, 김 팀장."

"네."

부장님은 기분 좋게 웃으며 자리로 돌아갔다. 슬쩍 쳐다본 누구나의 표정은 기분이 좋은지 나쁜지 전혀 알 수 없는, 무표정한 얼굴이었다. 그는 여전히 모니터를 응시하고 있었다.

입
냄
새

    고등학교 친구들 중에 입냄새가 심한 친구가 있었다. 이름이 한소진이라는 친구였는데, 이도 꼬박꼬박 잘 닦았고, 외모도 지저분하지 않았다. 그런데 그 친구와 대화를 할 때면 항상 숨을 코가 아닌 입으로 쉬려고 노력해야 했다. 하지만 입으로 숨을 쉰다고 냄새가 안 나는 것은 아니었고, 오히려 그 냄새를 내가 입으로 먹고 있다는 기분이 들어 불쾌할 때도 있었다. 그럼에도 소진이는 성격도 좋고 입냄새만 빼면 정말 좋은 친구였기 때문에, 친구들 중 누구도 그 문제에 대해 직접적으로 말하지 않았다. 아니, 못 했다고 보는 게 맞을 것이다. 입냄새는 워낙 민감한 주제니까.

    그러던 어느 날이었다. 여름방학이 얼마 남지 않은 무더운 날, 너무 차가운 음료를 많이 마셨는지 배가 꾸르륵거려 화장실에서 화려하게 설사를 하고 있었다. 그런데 밖에서 우리 반 최고의 입방정꾼 새미의 목소리가 늘려왔다.

    "근데 소진이 입냄새 너무하지 않냐? 진짜 누가 한번 말해 줘야 되는 거 아니야? 날도 더운데 걔 입냄새 때문에 미치겠어."

    이를 닦고 있는 건지, 입에 뭔가 잔뜩 물고 있는 목소리로 열변을 토하고 있었다.

"아이, 다 닦고 말해! 튀잖아! 그래도 넌 낫지. 난 걔 바로 앞자리잖아. 가끔 덥다고 한숨 쉬면서 부채질할 때마다 진짜 곤욕이라니까."

새미의 단짝 화정이의 목소리였다.

"그러니까 누가 좀 얘기 좀 하라고, 입에서 똥냄새 난다고."

"이년아, 다 닦고 말하라니까."

'짝.'

화정이가 새미의 등짝을 때리는 소리가 들렸다.

"그걸 누가 말해. 너라면 말할 수 있어? 난 못 한다. '너 입에서 완전 똥내 나.' 그런 말을 어떻게 하냐?"

'아그르르르 퉷.'

"그래, 내가 말한다! 오늘 내가 꼭 말할 거야. 너 입에서 시궁창 냄새 난다고!"

밖에서 누가 들을지도 모르는데, 새미는 아주 큰 소리로 떠들어 댔다.

"미친년, 네가 잘도 말하겠다."

"봐, 이년아. 내가 하나, 안 하나."

입방정도 입방정이지만, 욕쟁이 할머니처럼 거칠게 욕을 해 대면서 새미와 화정이는 화장실을 나갔다. 내 친한 친구의 뒷담화를 들어서 기분이 그렇게 좋진 않았지만, 내심 새미가 얘기를 해 주기를 바라는 마음도 없진 않았다. 한편으론 그런 생각을 했다는 것만으로도 소진이에게 미안한 마음이 들었다.

뒤처리를 하고 문을 열고 나오는 순간, 화장실 맨 끝 칸에서 누군가 문을 열고 나오는 것이 보였다. 자연스럽게 눈을 돌렸는데, 소진이었다. 나와 눈이 마주친 소진은 순간 멈칫하더니 고개를 숙이고 걸어오기 시작했다.

"소… 소진아."

내가 소진의 이름을 부르는 사이, 소진은 내 옆을 빠르게 지나쳐 버렸다. 짧은 순간이었지만, 나는 소진의 눈에 눈물이 가득 차 있는 것을 볼 수 있었다. 나는 손을 후다닥 닦고 교실로 달려갔다. 하지만 소진은 교실에 돌아오지 않았다. 다시 복도로 나가 주변을 찾아 봤지만, 소진은 보이지 않았다.

"어? 쟤 소진이 아니야? 점심시간 다 끝나 가는데 어디 가는 거지?"

그때 창가 자리에 앉아 있던 영은이가 부채질을 하면서 말했다. 나는 후다닥 창가로 뛰어가 창문 밖을 내다보았다. 소진이 슬리퍼를 신은 채 교문 밖으로 막 나서고 있었다. 기분 탓인지 모르겠지만, 넘어질 듯 달려가는 소진의 뒷모습이 너무 슬퍼 보였다.

다음 날, 소진이는 학교에 오지 않았다. 선생님 말씀으로는 소진이네가 가족여행을 갔다고 하셨지만, 나는 그게 사실이 아니라는 걸 알고 있었다. 그리고 여름방학이 시작되었다. 여름방학 동안 나는 여러 번 소진이의 삐삐에 음성을 남겼지만, 답은 오지 않았다. 그래도 소진이의 일은 다행히 해피 엔딩으로 마무리되었다. 여름방학 보충수업에도 나오지 않았던 소진이는, 방학 마지막 날 내 삐삐에 만나자는 메시지를 남겼다. 한 달 반 이상 시간이 지난 뒤 만난 소진이의 얼굴은 생각보다 밝은 표정이었다. 소진이는 나를 보자마자 내 얼굴 앞에 대고 입으로 바람을 불었다.

'후~'

"어때?"

소진이가 한껏 상기된 표정으로 나를 바라보았다. 집에서 나오기 전에

양치를 하고 나온 듯, 치약 냄새만 났고 역한 냄새는 전혀 나지 않았다. 원래는 이를 닦아도 참기 힘든 냄새가 났었는데 말이다.

"안 나. 상쾌한 치약 냄새만 나."

나는 놀란 눈으로 대답했다. 소진이는 씩 웃으며 그동안의 일을 얘기해 줬다. 화장실에서 자신의 뒷담화를 들었던 소진이는 충격을 받아 집으로 달려가 엄마에게 모든 걸 털어놓았다고 했다. 이미 소진이의 입냄새를 알고 있던 엄마는 소진이를 다독이며 해결 방법을 찾기 시작했다. 여기저기 수소문한 끝에 용한 한의원을 찾아갔고, 거기서 위와 장에서 올라오는 냄새라는 진단을 받았다고 했다. 위와 장을 다스리는 침과 한약을 꾸준히 먹으며 식습관을 조절하고 운동도 병행했다고 한다. 다행히 입냄새는 잡혔고, 이렇게 내 얼굴에 자신 있게 바람을 불 수 있게 된 것이었다.

그런데 지금 이 순간, 미국으로 이민 간 소진이에게 전화를 걸어 그 한의원이 어디였는지 간절히 묻고 싶은 심정이다. '20년이 지났는데 그 한의원이 아직 존재할까? 아니, 꼭 영업을 하고 있어야만 해.' 이런 생각을 하며, 최대한 숨을 참으며 누구나와 대화를 이어 가고 있었다.

"정말 나 몰라요? 이상하네. 명문고등학교에서 나 모르는 사람은 없었는데."

누구나가 내 자리 앞에서 의아한 표정을 지으며 말을 걸고 있었다. 말한 마디, 한 마디에서 나오는 냄새가 치료를 받기 전 소진이를 떠올리게 했다. 아니, 마치 여러 명의 소진이가 나를 빙 둘러싸고 입김을 불어 대는 것 같은 기분이 들었다.

"아까 말했듯이, 제가 워낙 조용히 지냈어서요."

누가 봐도 어색하고 불편한 태도로 대답했다. 나도 모르게 불편하다는 티를 팍팍 내고 있었다.

'쯔압.'

"뭐, 그럴 수 있죠. 그런데 우리 고등학교 동문이기도 한데, 말 놓을까?"

누구나는 정체 모를 '쯔압' 소리와 함께 웃으며 물었다. 고등학교 때는 분명 장국영이나 임지령처럼 멋있게 느껴졌을 쌍꺼풀이, 지금은 지나치게 느끼하게 보였다. 후각과 시각에서 오는 이중 공격에 정신이 혼미해졌다.

"아… 그래, 그럴까?"

싫다고 하고 싶었지만, 본능적으로 '싫다'고 하면 뭔가 더 말을 많이 할 것 같아 담백하게 대답했다. 여전히 숨을 최대한 참으면서.

"그래, 좀 있다 또 보자."

'턱, 턱, 턱, 턱.'

중간 허리가 늘어진 누구나의 슬리퍼가 걸을 때마다 바닥을 쳐 대며 귀에 거슬리는 소리를 냈다. 그 소리는 마치 "내가 여기 지나가고 있다."라고 여기저기에 알리는 것처럼 느껴졌다. 슬리퍼 소리는 둘째 치고, 나는 빨리 가서 입안을 시원하고 달달한 커피로 헹궈 버리고 싶었다. 회사 구경을 할 때 봤던 탕비실 냉장고 속 음료들이 떠올라, 탕비실을 향해 거의 뛰다시피 걸어갔다.

냉장고 문을 벌컥 열고 안을 살폈지만, 달달한 캔 커피는 보이지 않았다. 대신 죄다 이온음료, 비타민 음료, 보리차 같은 음료들뿐이었다. 마침 옆에 아까 소개받은 우리 팀원인 효진 씨가 물을 받으러 왔다. 어색하게 목례로 인사를 주고받았다.

"효진 씨라고 했죠?"

"네."

효진 씨는 정수기에서 물을 받으며 짧게 대답했다.

"혹시 달달한 캔 커피는 없나요? 아니면 믹스커피라도?"

냉장고 문을 닫고 싱크대 위 선반을 보며 물었다. 선반에는 ○누 아메리카노 스틱만 있었다. 내 질문에 효진 씨가 탕비실 문 앞까지 나가 주변을 한번 살피고 돌아오더니, 낮은 목소리로 말했다.

"저희 회사에서는 달달구리 커피 금지예요. 어떤 분이 계신데, 그분이 달달구리 커피까지 마시면 이게, 이게… 좀 많이 심해져서."

효진 씨는 오른손을 입에 갖다 대며 뭔가 퍼지는 듯한 손짓을 했다. 그녀의 표정은 무척 난감해 보였다.

"아!"

누구라는 말도, 무엇이라는 말도 없었지만, 나는 바로 깨달았다.

"그렇네, 그렇겠군요…. 아… 그렇구나."

내 당황스럽고 부산스러운 대답에 효진 씨는 어색한 미소를 지으며 탕비실을 빠져나갔다. 나는 20명 남짓한 작은 벤처 회사 직원들의 단합된 대처에 감동하며, 냉장고에서 보리차를 꺼내 마시며 자리로 향했다. 새로운 회사에 적응하는 일은 순탄했다. 약간의 거부감을 주는 사람이 있긴 했지만, 10년 넘게 사회생활을 하면서 이런 사람 저런 사람을 다 만나 봤기 때문에, 1~2주가 지나니 적절한 거리를 유지하는 방법도 터득하게 되었다. 덕분에 잘 적응하며 일을 할 수 있었다. 그런데 적응은 했지만, 이해가 안 되는 부분도 있었다. 어제 일이었다. 실험실에서 실험을 마치고 사무실로 나가는데, 누구나가 내 옆으로 와 말을 걸었다. 누구나에게는 얼굴을 지나치게 가까이 대고 말하는 불쾌한 버릇이 있었다. 거리를 두고 말해 줬으면 싶었지만, 그는 사람들이 불쾌해한다는 것조차 모르는 것 같았다.

"오늘 사무실에서 썩은 내 나지 않아?"

누구나는 한껏 인상을 찌푸린 채로 코에 손을 갖다 대었다.

'어… 드디어 안 건가?'

나는 찌뿌둥해서 기지개를 켜는 척하며 거리를 벌렸다.

"썩은 내? 어디서?"

나는 시치미를 떼며 대답했다.

"내가 진짜 코가 예민하거든. 그래서 난 내 자리에 쓰레기통도 두지 않아."

누구나의 말에 문득 그의 책상에 쌓여 있던 스타벅스 일회용 컵들이 떠올랐다. 항상 컵 바닥에 약간의 커피를 남긴 채로 책상 한구석을 차지하고 있던 여러 잔의 커피 컵들과 과자 봉지들.

'쓰레기통이 없어서 책상에 쌓아 둔 거였구나.'

그렇게 생각하고 있는데, 누구나의 말이 이어졌다.

"너희 팀에 효진 씨랑 송규 씨 있지? 아침에 치킨샌드위치를 먹던데, 그걸 다 안 먹고 그대로 쓰레기통에 버린 것 같아. 아, 요즘 애들은 정말 기본이 안 되어 있어. 돈 아깝게 사 놓고 다 먹지도 않고. 다 안 먹고 버릴 거면 비닐에 싸서 버리든가 해야지."

누구나는 여전히 코에 손을 대고 인상을 쓰며 말을 이어 갔다.

"아, 그랬구나. 내가 주의를 줄게."

나는 누구나와의 대화 거리에서 빨리 벗어나고 싶어 대답하며 몸을 돌려 내 자리로 향했다. 그런데 누구나는 다시 내 팔을 잡더니 또 말을 했다.

이번에도 얼굴을 가까이 대고….

"아니, 뭐 그럴 것까지는 아니고… 그냥 그렇다고."

"그래? 알았어."

나는 얼른 대답을 하고 재빠르게 내 자리로 와서 앉았다.

"후~."

살 것 같았다. 긴 숨을 내쉬며 물을 한 모금 마시고 자리에서 일어나 효진 씨 책상 밑에 있는 휴지통으로 다가갔다.

'난 별로 냄새가 안 나는데.'

나도 나름 개코라고 자부했지만, 별다른 냄새는 느껴지지 않았다. 효진 씨의 쓰레기통 뚜껑을 살짝 열자 시큼한 냄새가 올라왔다. 안을 들여다보니 몇 입 베어 먹다 만 샌드위치가 보였다.

'진짜 코가 예민한가 보네?'

그렇게 생각하며 누구나가 있는 자리를 쳐다보니, 누구나는 '내 말이 맞지?' 하는 표정으로 나를 쳐다보고 있었다. 나는 어색한 웃음을 지으며 화답했다. 다시 내 자리로 돌아오는데, 문득 정말 아이러니하다는 생각이 들었다. '아니, 이렇게 거리가 떨어진 곳에서, 그것도 쓰레기통 안에 있는 음식 냄새까지 맡는 사람이 왜 자기 입냄새는 못 맡는 거지?'

그런 누구나가 이해되지 않았다. 그러면서 문득 '나도 그런가?' 하는 생각이 들어, 내 손을 입에 가져다 대고 '하아~' 불고 곧바로 코에 가져다 댔다. 별 냄새는 안 나는 것 같았지만, 그날 종일 신경이 쓰여 사람들과 말을 할 때마다 최대한 거리를 두고 이야기했다. 그날 저녁, 저녁밥을 먹고 남편과 소파에 앉아 TV를 보다가 물었다.

"오빠, 나 입냄새 나?"

"아니."

남편은 TV에 시선을 고정한 채 영혼 없이 대답했다.

"진짜로 묻는 거야."

나는 남편의 얼굴을 두 손으로 잡고 내 쪽으로 돌린 다음, 입김을 불었다.

"이렇게 대놓고 하면 냄새가 안 나겠어? 나한테 왜 그래?"

남편은 짜증 섞인 목소리로 말하며 손을 휘저었다.

"엄마, 입냄새 고약해!"

그때 방에서 나오던 초등학교 3학년 막내딸이 시크하게 말했다.

"뭐? 엄마 입냄새 고약해?"

"응. 아침에 나 일어나라고 뽀뽀하고 막 그러잖아. 그때 정말 최악이야! 제발 아침엔 이 좀 닦고 날 깨워 주길 바라."

딸은 다시 한번 시크하게 말을 하고는 화장실로 들어가 버렸다. 하긴, 아침에 딸들을 깨울 때 입냄새 난다는 얘기를 종종 듣긴 했었다.

"딸~ 아침에만 그렇지? 평소엔 안 나지?"

나는 화장실 앞에 가서 안에 있는 딸을 향해 물었다.

"어~ 아침에만 나!"

"그치? 고마워, 딸~"

딸의 대답에 가슴을 쓸어내리며 나는 다시 남편 옆에 앉아 TV를 보기 시작했다. 그래도 좀 더 신경 써야겠다고 생각했다. 입냄새는 누구에게나 날 수 있으니까.

똥배

"애를 둘이나 낳은 것치곤 괜찮지 않아?"

출근 준비를 하다 전신 거울에 비친 내 몸매를 보며 남편에게 물었다. 내 몸매가 별로 좋지 않다는 것을 물론 알고는 있었지만, 이렇게라도 자기 위안을 해야 내 자존감이 유지될 것 같아서 남편에게 종종 이런 질문을 던지곤 했다.

"어, 괜찮아. 날씬해 보여."

기계적인 답변에 남편을 흘겨보았다. 남편은 침대에서 눈도 뜨지 않고 있었다. "애를 둘이나 낳은 것치곤 괜찮지 않아?"라는 질문을 내가 아무리 많이 했기로서니, 그렇다고 저렇게까지 성의 없는 대답을 하다니 남편이 밉상으로 보였다.

"나 오늘 회식 있어."

"어, 나 오늘 회사 해피데이라서 오전 근무만 하고 올 거야."

남편은 여전히 눈도 뜨지 않은 채 대답했다.

"그럼 오늘 오후엔 어머니 오지 마시라고 한다."

"아! 오후에 일이 있었던 것 같기도 하고."

남편이 눈을 번쩍 뜨며 어색하게 연기했다.

"뻥 치지 마! 오빠가 애들 오후 학원이랑 저녁 잘 챙겨!"

"그냥 우리 엄마 오라고 하면 안 돼?"

남자들은 왜 저리 철이 없는 건지 모르겠다.

"어머니가 이제 80이 다 돼 가시는데, 꼭 어머니를 그렇게 부려 먹고 싶어?"

'퍽.'

이불 속에 있는 남편의 엉덩이를 한 대 찰지게 때리고 방을 나섰다. 현관문에 있는 전신 거울 앞에서 다시 한번 옷매무새를 다듬으며 생각했다. 연구원이라 복장이 자유로워서 참 다행이다. 매번 여성 정장을 입어야 하는 직장인이었다면, 이 똥배를 가리기 힘들었을 거라는 생각이 종종 든다. 오늘도 편한 고무줄 청바지에 통이 큰 티셔츠 그리고 그 위에 얇은 재킷을 입고 출근을 했다. 아침저녁으로는 아직 조금 쌀쌀했지만, 한낮에는 기온이 제법 올라가는 애매한 3월 말의 날씨였다. 그래도 미세먼지 없는 화창한 날씨가 계속 이어지고 있어, 기분이 좋은 출근길이었다.

"안녕하세요!"

밝게 인사하며 회사에 들어섰다.

'턱, 턱, 턱.'

여기저기서 들리는 "안녕하세요."라는 인사들 사이로 '턱, 턱, 턱' 같은 거슬리는 소리가 들려왔다.

"좋은 아침."

'턱, 턱, 턱' 소리가 나는 방향에서 누구나의 목소리가 들려왔다. 그렇게 유쾌한 소리나 광경은 아니었다. 누구나는 몸에 열이 많은지, 3월의 애매한 날씨에도 불구하고 매번 반팔 와이셔츠만 입고 있었다. 게다가 회사까지 걸어서 오는 탓인지, 아침마다 의자를 뒤로 젖힌 채 볼록 나온 배를 손으로 툭툭 치며 매번 손에 잡히는 무언가로 부채질을 해 댔는데, 오늘은 이름 모를 보고서 뭉치를 이용하고 있었다.

처음 이 기괴한 광경을 봤을 때는 꽤 당혹스러웠다. 하지만 나도 아줌마였고, 집에서도 비슷한 생명체를 종종 목격하곤 했기 때문에 적응할 수 있었다. 물론 남편은 저 정도의 높이로 배가 나오진 않았지만, 가끔 TV를 보며 자신의 배를 툭툭 치는 모습은 익숙했다. 그 모습을 보고는 '나도 방심하면 저렇게 될 수 있어. 신경 써야지.' 하는 생각을 하며 내 똥배를 만지곤 했다. 그런데 그런 생각을 하고 있는 걸 어떻게 알았는지, 효진 연구원이 실험실로 들어갈 채비를 하면서 무덤덤하게 말했다.

"애를 둘이나 낳았는데, 팀장님 정도면 정말 괜찮은 거예요."

효진은 겉으로는 안 그런 척하면서도 은근히 주변 사람들을 잘 살피고 챙겨 주는 사람이었다.

"그치?"

효진 연구원의 말에 나는 안심(혹은 방심)을 하며 고개를 끄덕였다.

"웃차, 한 바퀴 돌고 와야지."

누구나가 자리에서 일어나더니 탕비실로 향했다. 잠시 후, 양손에 빵을 3개나 들고나와 내 쪽으로 걸어왔다. (우리 회사는 아침마다 탕비실에 빵을 가져다 놓는다.)

"한 바퀴 같이 돌래?"

누구나는 빵 하나를 내 책상 위에 올려놓으며 물었다.

"아니, 아침 일찍 할 게 있어서 괜찮아. 이건 땡큐."

나는 빵을 들고 고맙다고 인사했다.

'쩝, 쩝.'

"너도 운동 좀 해야지. 난 아침마다 회사 옥상 정원을 한 5바퀴씩 돌잖아."

누구나는 만화책에서나 나올 법한 '쩝, 쩝' 소리를 내며 빵을 먹으면서 나에게 운동을 하라고 했다. 그런데 오늘따라 유난히 누구나의 배가 더 도드라져 보였다.

"난 아직은 괜찮지. 넌 진짜 열심히 해야겠다."

누가 누구에게 운동하라고 하는 건지, 하도 기가 막혀 본의 아니게 비아냥거리며 대답을 했다.

"나? 난 이거 금방 빼. 예전에 나 대학교 때 걷기만으로 5kg 넘게 뺐어. 난 기초대사량이 높은 편이라 맘만 먹으면 순식간이야."

'쩝쩝.'

자신감인지 자기 망상인지, 말도 안 되는 궤변을 늘어놓는 누구나를 어이없게 쳐다보았다.

"그런데 그렇게 먹으면서 걸으면 소용없지 않을까?"

"내가 원래 빵을 별로 안 좋아해. 그냥 회사에 있으니까 먹는 거지. 그리고 빵만 먹으면 살 안 쪄. 원래 빵보다 같이 먹는 음료 때문에 더 살찌는 거야. 그래서 난 목 메도 빵만 먹잖아."

'쩝쩝.'

다시 한번 말도 안 되는 논리를 펼치는 누구나를 어이없는 표정으로 쳐다보았지만, 누구나는 아무런 타격감이 없는지 느끼한 미소를 지으며 손에 남아 있던 나머지 빵 조각을 입에 우겨 넣었다. 그러곤 뒤로 돌아

회사 출입문을 향해 나갔다.

'토닥토닥.'

내가 황당한 눈으로 누구나의 뒷모습을 바라보고 있자, 팀원인 송규 연구원이 살포시 내 어깨를 토닥였다.

"누구나 과장님은 고기도 별로 안 좋아하시고, 라면도 안 좋아하시고, 생선도 안 좋아하시지만 매번 앞에 있으니까 드시는 거고요. 원래 뭐든지 많이 먹어도 그 음식만 먹으면 살이 안 찐다고 생각하시는 분이에요."

"뭐라고?"

놀라서 송규 연구원을 쳐다보니, 송규 연구원은 온화한 표정으로 고개를 끄덕이며 나를 계속 토닥여 줬다.

"그럼 저 배는 뭔데?"

누구나가 나간 문을 향해 손가락질하며 억울한 표정으로 물었다.

"그렇게도 묻지 마세요. 저 배는 언제든지 금방 뺄 수 있는 배입니다. 언제든 맘만 먹고 열심히 뛰는 것도 아니고, 그냥 걷기만 하면 빠지는 배…."

모든 것을 포용할 듯 대답하는 송규 연구원의 표정이 마치 성인군자처럼 보였다.

"김 팀장! 내 방으로 좀 와 봐."

"네, 부장님."

혼란스러운 머리가 정리도 되기 전에 부장님의 호출로 일의 세계로 다시 턴온(Turn On) 되었다. 부장님 방에서 최근 연구 개발 되고 있는 것들과 신규로 진행할 것들에 대해 한참 논의가 진행되었다. 왜 이렇게 윗분들은 여기저기서 이게 좋다, 저게 좋다 소문을 들으면 무조건 하고 싶어 하는지 모르겠다. 지금 하고 있는 것도 이 인력으로 벅찬 상황인데, 분명 알고 있을 텐데도 매번 이렇게 밀어붙이는 게 신기하기만 했다.

"얘들아, 미안하다."

점심을 먹고 회사 탕비실에서 커피를 마시며 팀원들에게 추가된 일들을 얘기했다.

"뭐. 하나하나 쳐 나가면 되죠."

효진 연구원은 평소와 마찬가지로 쿨하고 시크하게 대답했다.

"해야죠…."

성인군자 같은 표정으로 나를 토닥이던 송규 연구원은 이번엔 좌절한 표정으로 대답했다.

"내가 좀 더 실험에 인볼브(Involve: 참여한다는 뜻으로 실험실에서 많이 쓰인다) 할게. 오늘 저녁은 일단 실컷 마셔 보자."

"왜? 또 노 부장이 일 던졌어?"

팀원들과 얘기를 하고 있는데, 누구나가 탕비실에 들어와 말을 걸었다.

"어? 뭐, 그렇지."

효진 연구원과 송규 연구원은 자연스럽게 은근슬쩍 탕비실을 빠져나갔다.

"노 부장하고 최 이사는 이제 실무를 안 하다 보니까 아주 막 시키더라고. 특히 노 부장은 연구원 출신도 아니어서 이전 팀장도 불만이 많았어. 어려운 일도 쉬운 것처럼 막 던진다고."

'턱.'

누구나가 나에게 말을 하면서 자연스럽게 테이블에 배를 걸쳤다. 잠깐! 배를 테이블에? 나는 '저게 뭐지?' 하는 생각으로 테이블에 걸친 누구나의 배에 눈이 꽂혔다. 처음 보는 광경이었다.

"원래는 일을 줘도 매 월말에 있는 전체 회의 때 다 허가를 받고 해야 되는 건데, 그걸 꼭 그렇게 매일 불러 대서 일을 시키고. 그러면 해야 할 일은 늘어나는데, 또 시도 때도 없이 불러 대서 회의하느라고 일할 시간은 줄어들어. 윗대가리들은 왜 이리 생각이 없는지 몰라."

'탁탁.'

누구나가 말을 하면서 자기 배를 손바닥으로 툭툭 쳐 댔다.

'제발 말하면서 테이블 위에 올려 둔 배를 때리지 마, 제발~'

눈과 귀를 막아 버리고 싶은 심정이었다.

"그렇지…."

"원래 대기업 같은 데서는 저렇게 하면 오래 못 살아남는다고. 대기업이 아니라 중견기업만 돼도 그럴걸? 원래는…."

"맞아, 그렇지. 근데 나 이 좀 닦으러 가려고. 점심때 김치찌개를 먹어서."

내가 누구나의 말을 들어 줘서 그런지 부쩍 틈만 나면 나한테 와서 이것저것 말을 거는데, 이게 빠져나갈 수 없는 늪 같았다. 이야기가 끝날 만한 틈이 보이면 그걸 비집고 들어가서 마무리 멘트를 날려야 하는데, 누구나는 기가 막히게 그 상황을 극복하고 말을 이어 갔다.

"그런 것 같더라. 알잖아, 나 코 예민한 거. 딱 김치찌개 먹은 것 같았어. 그래서 원래 김치찌개를 먹으면 이도 잘 닦아야 하지만, 치실도 잘 써 줘야 돼. 여기저기 낄 수 있거든. 그거 잘 안 빼 주면 냄새가 별로 안 좋아져."

'탁탁.'

가끔 말 많은 사람들과 있으면 "나 귀에서 피 날 것 같아."라고 말하곤

하는데, 지금 탕비실에서의 내 상황은 귀에서 피도 나고, 코도 아리고, 시각적으로도 많이 힘든 상황이었다. 그리고 그놈의 "원래는"이라는 표현. "원래 이래야 돼.", "원래는 저래야 돼."라고 말하는 사람들 중에서 그 원래대로 하는 사람을 본 적이 없었다. 누구나도 마찬가지였다. 한 번도 치실 쓰는 걸 본 적이 없었으니까. 사실 누구나가 이 닦는 모습을 본 적도 거의 없었다.

"그래서 지금 가려고. 이 닦으러."

다시 어색하게 웃으며 탕비실을 나가려고 했다.

"같이 가자. 나도 이 닦아야 해서."

누구나가 무스인지 젤인지를 잔뜩 바른 머리를 손으로 쓱 넘기면서 말했다.

"그래…."

우리 둘은 나란히 치약과 칫솔을 들고 복도로 나왔다. 화장실은 복도 끝에 있어서 제법 걸어야 했다. 같이 걸어가는데, 옆에서 보니 더 배가 나와 보였다.

"근데 너 체형은 말랐는데 너무 배만 나온 거 아니야? 걷지 말고 러닝을 해야 하는 거 아니야? 바로 옆에서 보니까 좀 많이 걱정된다, 야."

'짭.'

누구나가 이상한 '짭'소리를 내며 살짝 얼굴을 찡그렸다. 기분이 나빴다기보다는, 자신의 의견을 피력할 때 이런 표정을 짓곤 했다.

"아니야. 원래 나는 걸어야 빠지더라고. 러닝을 하면 다리에 알이 배기는 것같이 아파서. 이거, 걸으면 금방 빠져."

다시 자신의 배를 툭 치며 자신 있게 대답하는 누구나였다.

"원래 러닝을 처음 하면 다리가 아픈 거야."

'짭.'

"아니야. 달리기 한다고 다리가 왜 아파? 원래는 아프지 않아. 나한테 안 맞는 운동이라서 그런 거지. 그래서 난 걷기가 맞아."

말을 하는 사이에 화장실에 다 왔다. 내가 뭐라 다시 대꾸하기 전에 누구나가 씩 웃으며 화장실로 들어갔다.

'오늘 저녁 진탕 마실 테다.'

하지만 그날 저녁, 난 술을 많이 마시지 못했다. 술과 안주를 먹으려고 할 때마다 누구나의 똥배와 누구나가 자기 똥배를 때리던 소리가 떠올랐다. 그래서 이 술과 안주를 많이 먹으면 '나도 누구나와 같은 똥배를 가지게 되지 않을까?' 하는 걱정에 술과 음식이 잘 들어가지 않았다. 그렇게 건전한 회식을 마치고 힘없이 집으로 들어왔다.

"나 왔어."

"일찍 왔네? 얘들아, 엄마 왔다!"

남편이 거실 소파에 앉아 TV를 보고 있었다.

"엄마, 안녕하세요~"

"안녕하세요!"

딸 둘이 방에서 살짝 얼굴만 내밀어 인사를 하고는 곧바로 방으로 들어갔다.

"뭐야, 쟤네들 오늘은 왜 저리 친해?"

"저녁 먹고 나서부터 둘이 무슨 영상 찍는다고 계속 저러고 있네."

"뭔가 꿍꿍이들이 있을 때만 둘이 친하네."

거실에 서서 남편하고 말을 주고받는데 남편 배에 눈이 갔다. 누구나

만큼은 아니지만, 이제 50에 가까워진 남편도 배가 제법 나와 있었다. 게다가 자세도 누구나처럼 자꾸 손으로 배를 툭툭 치거나 문지르면서 TV를 보고 있었다.

"오빠도 이제 몸매 관리 좀 해야겠다. 배가 너무 많이 나온 것 같아."

남편 옆에 앉으면서 진지하게 말했다.

"그런가? 하긴 요즘 좀 나온 것 같긴 해."

"그래, 유산소 운동 좀 해. 밖에 나가서 러닝 하면 되잖아. 바로 옆이 호수 공원인데 뛰기에 얼마나 좋아."

"뛰는 건 발목이 아파서 좀 힘들고, 걸으면 되지. 하루에 1시간 정도씩 걸으면 살 빠진대. 그리고 알잖아. 나 한두 끼만 굶어도 살 잘 빠지는 거."

"뭐?"

약간 다르긴 하지만, 누구나의 대답과 비슷한 뉘앙스의 대답이 내 남편의 입에서 나온 게 너무 충격이었다.

"오빠, 혹시 회사에서도 밑에 사람이나 누가 물어보면 그렇게 대답해? 그냥 걷기만 하면 나 살 잘 빠진다고?"

나도 모르게 남편에게 쏘아붙이듯 큰소리로 물었다.

"아니, 그렇게 대답은 안 하지…. 왜 그래 갑자기?"

"그렇지?"

그래, 남편이 누구나 같지는 않겠지.

"그냥 '난 살 잘 빠지는 체질이다.'라는 정도?"

"그게 그 말이지!"

혹시 내 남편이 회사에서 누구나 같은 취급을 받는 게 아닐까 하는 걱정이 들었다.

"앞으로 그렇게 말하지 마!"

소파에서 일어나면서 단호하게 말했다.

"엥? 왜? 사실이잖아, 나…."

'찰싹!'

대꾸하려는 남편의 등짝에 스매싱을 날렸다.

"그런 말 하지 말고 실천으로 옮기라고! 뛰어! 발목 아프면 병원에 가서 치료를 받고. 그렇게 가라고 해도 안 가면서…. 어휴, 진짜. 빨리 나가! 발목 아프면 당신 말대로 걷기라도 해!"

내 남편이 누구나 같은 사람이 되지 않았으면 하는 바람에, 잘 앉아서 쉬고 있는 사람을 억지로 일으켜 세워 밖으로 밀어 내기 시작했다.

"알았어, 알았어. 위에 잠바라도 입고 나가야지."

소파 옆에 널브러져 있던 트레이닝복 재킷을 들어 남편에게 건네주고는, 남편을 억지로 현관문 바깥으로 밀어 냈다.

"한 시간 동안 걷고 운동하고 들어와. 알았어?"

"알았어…."

내 이런 행동에 화를 낼 법도 한데, 결혼하고 화 한번 안 낸 남편은 이번에도 별 불만 없이 밖으로 나갔다. 한 시간 뒤, 난 샤워도 하고 엉망인 주방 정리를 다 마쳤다. 빨래를 걷어 개고 있는데 남편이 들어왔다.

"잘 돌고 왔어?"

"어."

뭔가 입안이 가득 찬 상태로 대답하는 소리가 들렸다. 나는 고개를 번쩍 들어 현관문을 향해 돌렸다.

우물우물

"아, 내가 못 살아."

"왜?"

남편이 양손에 빵과 바나나우유를 들고 순진한 눈동자로 나를 쳐다보고 있었다. '우리 집에도 누구나가 있구나.'하는 생각이 들면서, 다시 한 번 남편을 향한 등짝 스매싱을 시전했다.

'짝~'

에~

오늘도 어김없이 누구나는 내 옆에 와서 수다를 떨고 있었다. 항상 말하는 주제는 비슷했다. 윗사람들 욕을 하거나, 자기 업무에 대한 지식을 자랑하거나, 아니면 본인이 어디가 아프다는 얘기 등이었다. 어디 아프다는 주제의 수다는 내 잘못도 있다. 나랑 자리가 멀지 않은데 맨날 "아구, 어깨야.", "쓰읍~ 아, 눈이 좀 뻑뻑하네.", "아이구, 목이야." 하면서 자꾸 자기 아픈 걸 티 내는데, 마치 "나, 아파. 괜찮냐고 물어봐 줘."라고 하는 것 같았다.

그걸 내가 참고 말을 걸지 말아야 하는데, 그 앓는 소리가 너무 신경 쓰여서 결국 "왜? 어디 아파?"라고 말을 걸어 주고 나면 수다가 시작되니까 말이다.

"근데 넌 왜 여기 혼자 덩그러니 있는 거야? 네 팀장을 포함해 경영지원팀은 위층에 있는 걸로 알고 있는데."

누구나의 수다에 한참을 시달리다가, '왜 얘는 이렇게 한가하게 자꾸 말을 걸까?' 하는 생각이 들더니 '근데 왜 얘는 여기 혼자 있는 거야?' 하는 생각이 이어서 들었다.

"아, 그거… 뭐, 그렇지 뭐. 그거 뭐….”
'쯔압.'
뭔가 대답을 상당히 얼버무리기 시작했다.
"왜? 뭔데?"
'쯔압.'
"아, 그게 뭐… 나 좀 할 일도 좀 있고.”

또 자꾸 얼버무리더니 자기 자리로 돌아가 버리는 누구나였다. 따라가서 더 물어보고 싶었지만, 왠지 그래도 대답을 안 해 줄 것 같아 더 이상 캐묻지는 않았다. 그런데 그러고 보면 누구나가 이렇게 얼버무리는 걸 종종 봤던 것 같다.

평소에는 주변에서 실험 얘기 이외에 경영팀 쪽 얘기가 나오면 "아, 그거 원래 거기서 그렇게 하면 안 되는데. 뭐라고 한마디 해야 돼. 그거….” 하면서 한참을 떠들다가도, 막상 경영지원팀 팀장이 가끔 일을 시키러 내려올 때면 달라진 태도를 보였다.

"누 과장, 그래서 이거 어떻게 됐어? 마무리된 거야?"
"….”
"대답을 좀 해 주면 안 될까?"

질문을 하면 가타부타 답이 곧바로 나와야 하는데, 꼭 팀장이 와서 물을 때면 한참을 뜸들이다가 대답하곤 했다.

'쯔압.'
"쓰읍, 그게 뭐 확실히 뭐가 정확하진 않아서요.”

그리고 항상 뭔가 얼버무리며 정확한 답을 내놓지 않았.

"그러니까 그 일은 아직 마무리가 안 됐단 말인 거지? 언제까지 마무리

되는데?"

"…."

'쯔압.'

"그게 뭐, 다음 주… 일 수도 있고…."

"다음 주까지 완료하자. 누 과장, 알았지?"

경영지원팀 팀장이 한숨을 쉬며 말했다.

"…."

이럴 때면 누구나는 뚱한 표정으로 컴퓨터 모니터만 쳐다보았다.

"대답 좀 해 줘라."

"에~"

누구나는 항상 하겠다는 건지 말겠다는 건지 애매하게 "에~"라고 마지못해 대답하곤 했다. 생각해 보면 내가 이 회사에 온 지 이제 반년이 좀 넘어가는데, 저 "에~"라는 대답을 정말 많이 들은 기억이 났다. 누구나는 누군가가 업무 지시를 하면 항상 저렇게 대답했다. 나 같으면 "그래서 하겠다는 거야, 안 하겠다는 거야?"라고 다시 묻고 싶었을 것 같은데, 다들 대답을 들은 것만으로 만족하며 그냥 한숨 한 번 쉬고는 그 자리를 떠나 버렸다.

이런 누구나를 몇 달 동안 관찰하다 보니, 누구나에게 일 관련해서 조금만 곤란한 질문을 하면 얼버무리며 그 상황을 회피한다는 공식을 알게 되었다. 그런데 알고 보니 이 방법을 나 말고도 모두가 알고 있었고, 사용하고 있었다. 누구나가 나에게 말을 거는 빈도가 많긴 하지만, 다른 직원들에게도 종종 말을 걸곤 했는데, 누구나는 볼일이 끝난 이후에도 언제나 자신이 원하는 주제로 대화를 이어 가길 원했지만 상대방은 대부분 원치 않았다. 그럴 때면 어김없이 누구나에게 곤란한 질문을 하곤 했다.

"누 과장님, 그런데 지난번 그거 어떻게 된 거였어요? 누가 잘못한 거래요?"

이미 회사에서는 누구나의 잘못이었다는 사실을 알고 있었지만, 마치 모르는 척하며 질문했다.

'쯔압.'

"그게… 원래는….'

그러면 누구나는 "쯔압"이라는 괴상한 소리를 한 번 내고 잘 알아듣지도 못하게 웅얼거리다가 "아, 내가 할 일이 있었는데 깜박했네. 수고해." 라며 빠르게 자리를 피했다. 더 황당한 점은, 누구나 과장과의 대화를 회피할 수 있는 질문 리스트가 항상 최신으로 업데이트되어 몇몇 직원들 사이에서 공유되고 있다는 사실이었다.

"너희들 이러다 벌 받는다."

한번은 내가 그 현장을 목격하고 어린 직원들에게 한마디 한 적도 있었다. 하지만 그러면서도 그 질문 리스트를 몰래 내 핸드폰 메모장에 적어 두었다. 배려는 해야겠지만, 나도 긴 대화를 피하고 싶을 때가 종종 있으니까 말이다.

'요즘엔 내가 제일 많이 피해를 보고 있으니 괜찮아.'

나는 이렇게 자기 위안을 하며, 확보한 질문 리스트를 오늘 아침에 사용했다. 회사에 오자마자 누구나 과장은 혼잣말로 요즘 MZ세대 어쩌고 하며 중얼거리더니, 갑자기 "요즘 애들 너무 회사를 설렁설렁 다니는 거 아니냐?"라고 말을 걸었다. 나는 단칼에 비장의 질문 리스트 중 하나를 던져 누구나를 제자리로 돌려보냈다. 좀 미안하긴 했지만, 아침부터 시달리긴 싫었다.

그렇게 한 고비를 넘기고 기분 좋게 자리에 앉았는데, "뚜뚜루뚜 뚜뚜뚜."하고 내 자리의 전화가 울렸다. 가끔 그런 경우가 있다. '기시감'이랄까? 평소와 똑같은 전화벨 소리인데, 어떤 날은 유난히 불길한 소리로 들릴 때가 있다. 지금이 바로 그랬다. 왠지 받으면 안 될 것 같은 전화벨 소리처럼 들렸다. 약간의 망설임 끝에 전화를 받았다.

"네… 항체팀 김혜민입니다."

아주 조심스럽고 신중한 목소리로 말했다.

"네, 안녕하세요. CS팀 한동진 팀장입니다."

CS팀이 올해부터 신설된 건 알고 있었다. 면역진단키트를 만드는 회사이지만, 항체와 항원을 만들 수 있으니 항체와 항원에 대한 주문 제작 서비스를 통해 쉽게 돈을 벌어 보자는 생각이었다. 하지만, 그것은 윗분들의 생각일 뿐이었다. 밑에 사람 입장에서는 그게 그렇게 간단한 일이 아니었다.

최초 계획은 기존 항체와 항원을 만드는 인원으로 운영하는 것이었으나, 고객 상담, 업무 분담, 문제 발생 시 안내, 완료 시 리포트 작성 및 발송 등 모두 각자의 본 업무 외에 추가적인 일을 해야 했다. 직원들은 이 일을 서로에게 미루기 바빴고, 업무는 제대로 진행되지 않았다. 그래서 내가 오기 바로 전에 CS팀이 신설된 것으로 알고 있었다.

'그런데 왜 CS팀에서 우리한테 전화가 온 거지?'

"네, 안녕하세요."

"제가 너무 아침 일찍 전화를 드렸죠? 죄송합니다. 상황이 급해서요."

한동진 팀장은 최대한 나긋나긋하면서도 절박함이 잘 묻어나는 목소리로 조심스럽게 말을 하고 있었다.

"아, 네. 뭐, 지금 막 자리에 앉긴 했어요. 그런데 CS팀에서 무슨 일인가요?"

"네, 다름이 아니라 저희 쪽에 갑자기 큰 건수가 들어왔는데, 저희 팀 인원만으로는 감당이 안 되는 상황이라 도움을 좀 요청드리려고요. 대표님께서 항체팀에 지원을 받으라고 하셔서요."

"대표님이요?"

아니, 이 선배가 후배를 스카우트해 놓고 얼굴 한 번 안 비추면서 일만 던져 버리네.

"아, 아직 말씀을 못 들으셨나 보군요. 그 자리에 노 부장님도 계셨었는데요."

생각났다. 어제 퇴근할 때 노 부장님이 "내일 한 팀장이 전화할 거야. 전화 잘 받아 줘."라고 툭 던지고 갔던 게 기억났다. 이게 그렇게 가볍게 툭 던질 말이 아닌데….

"네…. 못 들었고요. 저희도 지금 개발 건들이 많아서 그렇게 쉽게 결정할 건 아닌 것 같은데요."

"사실 자리에 계신지만 전화로 확인되면 제가 올라가서 얼굴 뵙고 말씀드리려고 했습니다. 제가 지금 바로 올라가겠습니다. 얼굴 보고 말씀 나누시죠."

싫다고 대답하고 싶었다. 안 그래도 업무에 치여 살고 있는데 갑자기 CS팀을 지원하라니, 그것도 직속상관에게 아무런 얘기도 못 들었으니 더더욱 거절하고 싶었다. 하지만 대표가 그렇게 하라고 했다니….

"네, 올라오세요."

싸늘한 목소리로 대답하고는 먼저 전화를 끊어 버렸다. 한 팀장은 올라와서 연신 죄송하다고 말하며 이번 한 번만 도와달라고 했다. 주력 사업이 아니어서 최소 인원으로 운영되고 있었는데, 갑자기 한 곳에서 항체 제작 서비스 의뢰 20건이 한꺼번에 들어온 것이다. 기존에 진행 중인 것과 다른 고객사의 건까지 합치면, CS팀 인원만으로는 기간 내에 마무리하는 것이 도저히 불가능해 보였다. 결국, 많이는 아니지만 6건을 우리 팀에서 지원해 주기로 했다.

한참 이야기를 나누는 중에 노 부장님이 출근하셔서, 노 부장님께 우리 진행 건이 한동안 지연될 거라고 말씀드렸다. 그러자 노 부장님은, "그건 그거고, 기존에 진행하는 것들이 지연되면 안 돼."라고 하셨다.

하지만 이번만큼은 나도 물러서지 않았다. 결국, 지원하는 대신 다른 업무는 잠시 접어 두기로 했다. 아침부터 예상치 못한 일을 처리하느라 진이 다 빠져 버렸다. 두통 때문에 머리가 지끈거렸다. 엄지와 검지로 양쪽 관자놀이를 꾹꾹 누르며 문질렀다.

"효진 씨, 송규 씨, 들어서 알죠?"

한 팀장과 얘기할 때, 효진 씨와 송규 씨도 실험실에 왔다 갔다 하며 내용을 들었다. 그리고 내가 한 팀장과 대화할 때, 연구원들의 표정이 점점 안 좋아지는 걸로 보아 아마 다 들었을 거라는 짐작이 되었다.

"네…."

송규 씨는 바람 빠진 풍선에서 남은 바람까지 빠져나가는 듯한 목소리로 대답했다. 그런데 효진은 아무런 대답도 하지 않고 모니터만 바라보고 있었다.

"일단 둘 다 하던 일 중에 홀드(Hold) 할 수 있는 거 홀드 하고, CS팀에서 넘어온 건부터 시작해요. 3개씩 나눠서 퓨전(Fusion)부터 진행하면 될 거예요. 좀 있으면 CS팀에서 연락 올 거예요."

"네…."

또다시 송규 씨의 대답만 들려왔다.

"대답 좀 해 주죠."

내가 고개를 들어 효진 씨를 노려보며 말했다.

"에~"

효진 씨는 대답인지 아닌지 애매하게 대꾸하며 자리를 박차고 실험실로 들어가 버렸다. 송규 씨도 잠시 내 눈치를 살피다가 조용히 일어나 실험실로 들어갔다.

'아, 짜증나. 진짜.'

의자에 기대 눈을 감고 있는데 문득 떠올랐다.

'어? 이 상황, 많이 본 것 같은데?'

누구나가 자기 팀장에게 하던 행동이었다. 대답을 잘 안 하고, 하라고 몇 번이나 말해야 겨우 건성으로 대답하는 누구나의 행동. 효진 씨는 항상 그런 누구나의 행동을 뒤에서 욕하곤 했다. 기가 차서 의자에서 허리를 바짝 세우고 눈과 입을 크게 벌린 채로 효진 씨가 들어간 실험실을 쳐다보았다.

'너나 잘해라, 기지배야!' 하며 속으로 이죽거렸다.

'우웅.'

핸드폰의 진동 소리가 들려 쳐다보니, 대표이자 선배인 나람 선배로부터 카톡이 와 있었다.

나람 선배: 우리 이쁜 후배~ 오늘 저녁 시간 되나?

오늘 이 사건을 나에게 던진 장본인의 카톡이 반가울 리가 없었지만, 대표님이니 어쩌겠는가. 이를 악물며 카톡 답장을 보냈다.

나: 네~ 시간 됩니다~

그건
그 사람
사정이고요!

"이제야 혜민이랑 밥을 먹네."

나람 선배가 회사 근처 횟집 앞에서 기다리고 있는 나에게 다가와 웃으며 팔짱을 살갑게 꼈다.

"왜 이러십니까, 대표님. 사람들이 오해하겠어요."

내가 팔짱을 빼며 삐진 척을 했다. 사실 진짜로 삐지긴 했지만.

"우리 후배 삐졌구나."

"삐지긴요. 직원이 대! 표! 님! 시키는 대로 해야죠."

"미안해. 근데 어떻게 하냐. 일은 해야 되는데 손은 없고 믿을 사람은 너밖에 없고."

"내가 좀 믿음직하긴 하죠."

믿을 사람이 나밖에 없다는 말에 괜히 우쭐해지면서 기분이 풀렸다. 사실, 선배이면서 대표인 사람한테 너무 삐진 티를 오래 내는 것도 좋은 건 아니니까.

"그나저나 선배, 너무한 거 아니에요? 스카우트해 놓고 거의 반년이 지나서야 이렇게 밥 한 끼 사 주는 거? 나 여기 오라고 꼬실 때는 한 달이

멀다 하고 찾아와서는 밥 먹자, 술 먹자 해 놓고선, 들어오니까 전체 회의 시간 아니면 보기도 힘들고."

회사에선 대표님이지만, 사석에선 제일 친했던 학교 선배인 나람 선배에게 쏘아붙였다.

"그러니까 좋은 데서 이렇게 맛있는 회 사 주잖아."

선배는 내 쏘아붙이는 말에 능청맞게 대꾸하며 횟집으로 들어갔다. 예약이 되어 있었는지, 안내된 자리에는 회와 술이 이미 준비되어 있었다.

"내가 말이야, 어? 이 도미만 아니었어도 그냥 안 넘어가려고 했어요. 도미니까 봐주는 거야."

앞에 놓인 도미회를 한 점 집으며 말했다.

"고맙다, 후배님."

나람 선배가 미소를 지으며 청하를 한 잔 들이켰다.

"아~ 왜 이래, 같이 먹어야지."

나도 급히 내 앞의 잔을 비우고, 내 잔과 선배의 잔을 채웠다.

"근데 요즘 왜 그렇게 바빠요?"

입안에 도미회를 씹으며 물었다. 도미회가 입안에서 살살 녹아 기분이 너무 좋았다.

"딴 이유가 있겠냐? 과제 준비하고 발표하고, 투자자들 연락해서 발표 준비하고 또 발표하고. 빅 고객들 찾아가서 비위 맞춰 주고, 하나부터 열까지 다 설명해 줘, 그리고 회사에 들어오면 결재 서류는 쌓여 있지, 힘들다."

깊은 한숨과 함께 말을 마친 나람 선배가 다시 술잔을 들어 내 앞으로 내밀었다. 내가 잔을 들어 '짠'을 하고 서로 잔을 비웠다. 이번엔 나람 선배가 잔을 채웠다.

"그래도 여성기업이어서 혜택이 많지 않나?"

"있긴 있지. 그런데 뭐 아주 크리티컬 한 도움은 아니야. 난 그렇고, 넌 어때? 잘 적응했어?"

나람 선배가 다시 술잔을 앞으로 내밀었다.

"오늘 뭐, 달리는 거야? 왜 이렇게 빨리 마셔?"

술잔을 부딪히며 내가 물었다.

"오랜만에 눈치 볼 직원도 없으니 맘 편하게 먹으려고 그런다."

"난 뭐, 직원 아닌가? 그리고 대표가 무슨 직원들 눈치를 본대? 직원들이 보는 거지!"

미리 시켜 놓은 청하 병을 따서 내 잔과 나람 선배의 잔에 따랐다.

"대기업 대표들은, 아니, 중견기업만 돼도 눈치 안 보려나? 근데 난 아직 눈치 본다. 네가 팀원들 눈치 보는 거랑 똑같은 거야."

"어! 어떻게 알아? 내가 팀원들 눈치 보는 거?"

도미를 집어 와사비를 잔뜩 푼 간장에 찍다가 놀라 선배를 쳐다보았다.

"나도 다 지나온 길이다."

"와… 근데 대표가 돼도 그런 거라고? 힘드네. 난 대표 되면 눈치도 안 보고 막 해도 될 줄 알았지."

"그러게. 나도 그럴 줄 알았다. 그나저나 회사 생활은 어때? 적응은 다 끝났지?"

나람 선배는 이제 그냥 혼자 마시고 혼자 잔을 채웠다. 나는 가볍게 손가락으로 '퉁'을 해 줬다.

"크~ 그 전에도 팀장이었고, 실험도 경력이 몇 년인데 적응이고 뭐고 없지. 일도 뭐 좀 빡세긴 하지만 큰 문제 없고, 그냥… 그래."

청하를 입에 털어 넣고, 이번엔 생강을 회에 올려 간장에 찍으며 대답했다. 오늘따라 유난히 회도 맛있고 술도 달게 느껴졌다.

"일은 문제가 없고, 뭐 다른 문제가 있다는 것처럼 들리는데?"

나람 선배가 내 빈 잔을 채우며 물었다.

"나는 안 그럴 거라 생각했는데, 나이가 들수록 꼰대력은 올라가고, 그러니 자연스레 젊은 직원들의 행동이 잘 이해가 안 돼."

"으이그, 꼰대 기지배."

둘이 짠을 하고, 다시 입안에 청하를 털어 넣었다.

"안주 좀 먹어."

나람 선배 앞접시에 도미회를 몇 점 집어 올려 주었다. 선배는 회는 보지도 않고 빈 잔에 술부터 채웠다.

"뭐, 어쩔 수 없지, 40이 넘었는데. 근데…."

나도 모르게 목소리를 살짝 낮췄다.

"근데 뭐?"

나람 선배가 내가 건네준 도미회를 한 점 먹으며 물었다.

"누구나 과장… 선배가 데려온 사람이라면서? 창업 멤버로."

듣는 사람도 없는 룸인데도, 이상하게 남 뒷담화를 할 때면 목소리가 절로 낮아진다.

"누 과장 또 사고 쳤어? 하긴 사고랄 것도 없지. 걔한텐 그게 일상이니까."

나람 선배가 씁쓸한 미소를 지으며 채워진 술잔을 다시 비웠다.

"근데 어떻게 창업 멤버가 된 거야?"

내가 의아해하며 물었다.

"걔도 처음부터 그러진 않았지. 뭐, 창업 때도 지금이랑 얼추 비슷하긴 했지만, 지금 정도는 아니었어. 그래도 걔 나름 일도 잘하고, 빠릿빠릿했었는데."

청하 4병을 더 시켰다. 오늘 마시는 속도로 봐선 4병도 순식간일 것 같았다.

"그런데 왜 지금은 그 모양 그 꼴이야?"

"나도 모르겠다. 외부 업무로 정신없이 몇 년을 보냈는데, 어느 날 창식 선배가 누구나를 자르면 안 되겠냐고 그러더라."

"그 보살 오빠가?"

"어, 그 보살이."

선배가 고개를 끄덕이며 대답하고는 또 청하를 한 잔 비웠다.

"나, 그 오빠가 실험실에서 화내는 걸 본 적이 없는데? 그때 내가 실험실 들어갔을 때 그 오빠는 박사 2년 차였잖아. 내가 실험실 들어가서 처음 PBS를 만든 날이었는데, 모르고 염산을 잔뜩 넣어서 만들었지. 그런데 그걸 선배들이 모르고 세포 배양할 때 썼더니 세포가 다 죽었었거든? 그때 다른 선배들이 '미쳤냐? 너 제정신이냐? 개새끼야, 소새끼야.' 하면서 드잡이질을 하고 있었는데, 그 선배만 허허 웃으며 '그럴 수 있어. 괜찮아. 다음에 잘하면 되지.'라고 해 줬지. 그 이후에도 뭐 여기저기서 사고를 쳐도 허허 웃기만 했던 사람인데, 그 오빠가 누구나 과장을 내보내라고 했다고?"

믿기 힘든 이야기에 쉬지 않고 말이 쏟아져 나왔다.

"그래, 그때도 과장이었지. 여하튼 나도 깜짝 놀랐어. 그래서 왜 그러냐고 물어봤더니…."

선배가 잠시 멈칫하더니, 씁쓸한 표정을 짓고 술을 마셨다.
"이제 와서 그걸 말해 뭐 하겠냐. 그냥 네가 지금 보고 있는 그 모습 그대로였던 거야. 여하튼 그래도 내보내긴 그래서 그냥 지금까지 끌고 온 거지. 내 나름대로 창업 멤버에 대한 배려라면 배려인데…."
한숨을 쉬며 술을 따랐다.
"배려 두 번 했다간 회사 망하겠어. 지금 그 누구나 때문에 회사 못 다니겠다는 둥, 왜 저 사람은 일도 못하는데 윗사람들이 아무 말도 안 하냐 둥 여기저기 불만이 얼마나 많은데. 회사 들어온 지 얼마 안 된 내가 알고 있을 정도면 말 다 한 거 아니야?"
"걔도 다 사정이 있다."
선배가 술을 털어 넣고는 이야기를 시작했다.

누구나가 전 회사에 처음 신입으로 들어왔을 때는 완전 훈남이었다. 얼굴도 잘생기고, 몸도 좋고, 성격도 좋아서 회사의 많은 여자들의 관심을 한 몸에 받았었다. 그리고 일 센스도 있어서 가르쳐 준 일 외에도 눈치로 알아서 일을 잘했고, 일 처리도 아주 빨랐다. 그래서 다른 신입 사원들보다 조금 더 빨리 대리를 달았다. 그런 누구나를 예뻐하고 좋아하는 사람들이 많았는데, 경영지원팀의 나람 팀장이 그런 사람 중 한 명이었고, 누구나도 나람 팀장을 잘 따랐다. 하지만 세상은 항상 그렇듯, 누구나를 좋아하는 사람이 많은 만큼 시기하는 사람들도 적지 않았다.
그러던 어느 날 회사에서 일이 터졌다. 누구나와 나람이 다니던 회사는 대기업은 아니었지만 글로벌 진단 시장에서 어느 정도 알아주는 중견급 회사였다. 창업자인 진장단 회장이 성실함과 불도저 같은 추진력으로 일군 회사였다. 그런데 자식 복이 없었다. 회장에게는 아들이 한 명밖에 없었는데, 하도 오냐오냐해서 키웠는지라 뭐 하나 제대로 할 수 없는 사람이었다. 결단력도 없고 우유부단하며, 팔랑귀라 여기저기서 들려오는 말에 한없이 휘둘리기 일쑤였고, 특히 자기에게 아부하는 말을 좋아해 주변에는 온통 아부하는 사람들만 득실거렸다. 게다가 겁이 많아 무언가 잘못되면 책임지는 것을 본 적이 없었다.

그렇게 부족한 아들도 자식이라고, 회장님은 그에게 뭐라도 해 보라며 '특수 R&D팀'을 만들어 주었다. 그리고 글로벌 시장에서 통할 수 있는 진단 타깃 목록을 몇 개 건네주며, "이거라도 잘 만들어 봐라."라고 하였다. 그러나 팀 구성을 회장의 아들에게 맡긴 것이 실수였다. 그는 실력보다는 자신의 귀에 듣기 좋은 말을 하는 사람들로 팀을 꾸렸다. 당연히 좋은 결과가 만들어질 리 없었다. 게다가 그 팀원들은 아부만 잘하는 것이 아니라, 사기꾼처럼 속이는 데도 능숙했다.

"이거 결과가 없어서 어떡하지? 아빠가 화낼 텐데…."

회장의 아들이 걱정스럽게 말하자 한 팀원은 이렇게 대답했다.

"걱정 마세요. 데이터 조작하는 거, 식은 죽 먹기입니다. 우선 잘되는 것처럼 데이터를 만들어 놓고, 그사이에 열심히 해서 결과를 만들어 내면 되죠."

"그래도 거짓말을 하면…."

"팀장님, 이게 왜 거짓말입니까? 나올 데이터를 조금 일찍 보여 줄 뿐인 거죠. 저희 못 믿으세요? 저희가 경력이 몇 년인데, 이 정도는 금방 해결합니다."

"그래? 그럼 거짓말이 아니지."

회장의 아들은 직원들의 감언이설에 금세 넘어갔다. 그러나 금방 나올 것 같던 결과는 끝내 나오지 않았다.

"어떡해…. 여태까지 우리가 보고한 걸 아빠가 믿고 있는데, 결과가 아직 안 나왔잖아. 곧 임상 준비하라고 할 텐데…."

회장의 아들은 안절부절못해 손톱을 물어뜯으며 불안한 얼굴로 말했다.

"팀장님, 저한테 좋은 방법이 있습니다. 걱정 마십시오."

"뭔데? 뭔데?"

그리고 한 달 후였다.

"나람 팀장님, 안녕하십니까."

"어! 네가 여긴 웬일이야?"

갑자기 나타난 인사팀 송만억 대리의 깍듯한 인사에 나람 팀장은 깜짝 놀랐다.

"지나는 길에 들렀습니다."

송 대리가 웃으며 대답했지만, 나람 팀장은 그것이 거짓임을 알고 있었다. 전체 회식이나 야유회가 아닌 이상, 인사팀 대리와 마주칠 일은 거의 없었기 때문이다.

"아닌 것 같은데? 무슨 일이야?"

"하하, 진짠데요. 그냥 들렀습니다. 팀장님 한번 보고 싶어서. 오랜만에 커피 한잔 사 주십시오."

능청맞게 웃으며 커피를 사 달라고 말하고 있었지만, 송 대리는 주변을 살피며 눈치를 주는 것이 분명 할 말이 있는 모습이었다.

"뜬금없긴. 그러자, 커피 한잔하자."

나람도 송 대리의 의도를 파악하고 맞춰 주었다.

"자, 말해. 뭔 일이야?"

나람 팀장이 구내 커피숍 테이블에 아이스아메리카노를 내려놓으면서 송 대리에게 물었다.

"팀장님 팀에 누구나 대리 있잖습니까."

"누구나? 있지 근데 누구나가 왜?"

"누구나, 똥 밟은 것 같습니다. 아니, 밟은 게 아니고. 똥 맞은 것 같습니다."

송 대리가 주변을 잔뜩 경계하며 낮은 목소리로 말했다.

"그게 무슨 말이야? 똥을 왜 맞아? 지금도 일 잘하고 있는데."

"누구나 대리, '특수 R&D팀' 발령 났습니다. 그것도 무려 '연구원'으로 말입니다."

"그게 뭔 소리야? 걔가 그 팀을 왜 가? 그것도 연구원으로? 무슨 말도 안 되는 얘기를 하는 거야, 지금?"

말도 안 되는 말에 흥분한 나람의 목소리가 커졌다.

"팀장님, 목소리, 부탁드립니다."

송 대리가 안절부절못하며 목소리를 낮추라는 손짓을 했다.

"말이 되는 소리를 해야지. 경영 부서 대리가 뭔 연구원이야?"

목소리를 낮추긴 했지만, 여전히 화가 가득한 목소리였다.

"그러니까 똥 맞았다고 한 겁니다. 이게 정말 회사 몇몇 사람만 아는 건데 말입니다. 그 팀에서 개발 중인 타깃들 있잖습니까."

"그래, 뭐. 그거 잘되고 있다며. 거기 있는 인간들이 그렇게 잘 해내고 있다는 게 믿기지도 않고, 배알이 좀 꼬이긴 하지만, 회사에 도움이 된다면 좋은 거지."

"그러니까 그게⋯."

오늘따라 유난히 주변을 많이 살피고 목소리를 작게 말하는 송 대리였다.

"그게 다 거짓말이라는 소문이 있습니다."

너무 작게 말한 데다가, 워낙 믿기지 않는 말이었다.

"뭐라고? 뭔 남자가 목소리가 이렇게 작아! 소심하게 굴지 말고 좀 크게 말해 봐. 뭐가 어쨌다고?"

나람이 믿기지 않는 얘기에 짜증이 확 올라와서 인상을 쓰며 다시 물었다.

"소문이긴 하지만, 거기서 회장님에게 보고한 데이터들이 다 거짓말이랍니다."

송 대리가 안절부절못하며 방금 전보다 큰 목소리로 말했다.

"미친 거 아니야? 뭔⋯ 잠깐⋯. 근데 그럼 누구나를 왜⋯."

나람이 설마 하는 눈으로 송 대리를 쳐다보았다. 송 대리도 나람을 쳐다보며 고개를 살짝 끄덕였다.

"이런 개만도 못한 새끼들이."

'쿵!'

나람이 욕을 하며 벌떡 일어나면서 앉아 있던 의자가 뒤로 넘어갔다.

"팀장님, 진정⋯ 진정하십시오."

송 대리가 넘어간 의자를 일으켜 세우며 나람을 진정시키려 했지만, 이미 나람의 눈은 돌아가 있었다.

"야, 너희 팀장 어딨어? 미친놈이 돌았어?"

"팀장님, 지금 그러시면 저 잘립니다. 아시지 않습니까. 인사팀에서 인사이동에 대해 다른 사람한테 알리면 처벌 대상인 거."

송 대리가 간절한 눈으로 나람을 붙잡으며 말했다. 나람도 알고 있었다. 예전에 인사과 직원 한 명이 승진과 승진 누락 대상자들 목록을 빼돌려 뿌렸다가 난리가 났던 일이 있었다. 곧바로 잘리지는 않았지만, 결국 스스로 그만둬야 했던 것을 기억하고 있었다.

"송 대리, 이거 확실한 얘기야?"

나람이 자리에 앉으며 물었다.

"그럴 겁니다. 팀장님이라서 말씀드리는 겁니다. 몇 번 도움받은 것도 있고 해서."

"그래, 고맙다."

하지만 나람이 할 수 있는 것은 없었다. 지금 당장 인사과 과장이나 특수 R&D팀 과장에게 가서 따질 수도 있었지만, 그러면 송 대리에게 불똥이 튈 수 있었다. 결국 실제 인사 공고가 날 때까지 기다렸다가 따지는 수밖에 없었다.

일주일 후, 인사 발령 공고가 올라왔다.

"심 팀장님! 이게 말이 됩니까? 경영지원팀 직원이 연구원이라뇨?"

나람은 인사 공고가 뜨자마자 기다렸다는 듯이 인사팀장을 찾아가 따졌다.

"하아, 그렇게 됐다."

인사팀 팀장이 나람의 시선을 피하였다.

"그렇게 됐다는 말이 어딨어요? 진짜 너무하시네. 그리고 이거 뭐예요? 이거, 이거 무슨 인사 발령 날짜가 이게 뭐냐고요? 오타예요? 1년 반 전 날짜, 이거 뭐냐고요."

나람이 인사 발령 통보서의 날짜가 적힌 부분을 인사팀장 얼굴 앞에

들이대며 따졌다.

"오타야, 오타. 우리도 오타 낼 수 있지. 그냥 넘어가."

"인사과에서 이런 거 실수한 적 있어요?"

"아, 진짜. 야! 너, 인마. 네가 뭔데 와서 나한테 이래라저래라야, 인마!"

인사팀장이 벌떡 일어나며 자신에게 따지는 나람에게 되레 소리를 버럭 질렀다.

"말이 안 되니까 이러는 거 아니에요!"

나람도 지지 않고 대들기 시작하자 주변에서 직원들이 일어나 말리기 시작했다.

"이 새끼가…. 너 인마. 위아래도 없어? 야! 너, 밖으로 나와!"

"네, 그래요. 오랜만에 머리끄덩이 잡아 보죠, 뭐."

두 팀장이 씩씩거리며 사무실을 빠져나가는 것을 직원들은 초조한 눈빛으로 쳐다볼 수밖에 없었다.

"후우~"

그렇게 소리를 지르며 나간 것치고는 둘은 평온하게 아무 말 없이 옥상에서 담배를 피우고 있었다.

"미안하다."

"팀장님, 제가 지금 미안하다는 말 듣자는 게 아니잖아요. 해결할 수 있는 방법을 말해 줘야죠."

"아이, 씨발… 쯧! 그걸 받는 게 아니었는데."

인사팀장이 담배 연기를 내뿜다가 욕을 하면서 고개를 푹 숙였다.

"뭐야, 왜? 혹시 팀장님, 돈 받았어요?"

나람이 놀라며 물었다.

그건 그 사람 사정이고요! 51

"한 3개월 전인가? 갑자기 진철이 그놈이 저녁이나 먹자고 하더라고. 그래서 '이놈이 웬일이지?'하면서 갔지. 하아…. 가지 말았어야 했는데. 그런데 거기에 회장님 아들이 같이 있는 거야. 불편했지만 어떻게? 먹어야지. 밥 먹고, 2차 가서 술을 마시는데, 발렌타인 30년산을 사 주시길래 '아, 이거 맛있네요.'했지. 그랬더니 그 회장 아들이 '그래요?' 하면서 술집 사장한테 발렌타인 30년산 2개를 가져오라고 하더니 나한테 주대? 괜찮다고 했는데도 막무가내로 가져가라는데 어쩌냐? 받아야지."

말을 하면서 인사팀장은 깊게 담배를 들이마시고 아주 길게 연기를 내뿜었다.

"뭐야, 그냥 술 받은 거네."

나람이 대수롭지 않다는 듯이 말했다.

"하아~ 술이 아니었다. 술 박스 안에는 술이 없고 5만 원짜리 돈다발이 가득 들어 있더라. 사과 박스, 비타민 음료 박스는 들어 봤어도 발렌타인은… 나도 황당했다."

인사팀장의 말에 나람은 놀라 입을 다물지 못했다. 나람이 담배를 쓰레기통에 버리고 그 자리를 벗어나려 했다.

"어디 가?"

"감사팀에 신고하러요."

나람의 말에 인사팀장이 나람의 팔을 잡아챘다.

"미쳤어?"

"팀장님이야말로 미친 거 아니에요? 돈이나 받고?"

나람이 팀장의 손을 거칠게 뿌리쳤다.

"너, 인마. 내부고발자 되는 거야. 그리고 회사에서 함께 일해 온 나랑 내 가족을 길가에 내버리는 거고. 그리고 그게 말한다고 뭐가 될 것 같냐? 회장 아들인데, 결국 나랑 너 같은 일개 직원들만 피 보는 거야 인마."

나람은 입술을 악물고 고개를 젖혀 하늘을 쳐다보며 깊은 한숨을 쉬었다.

"그래서 누구나는 어떻게 되는 거예요?"

"너도 지금 상황 보면 알 거 아니야. 시나리오 뻔하지, 뭐."

인사팀장의 입에서 다시 흰 연기가 길게 뿜어져 나왔다. 서류상으로 이미 1년 반 전에 '특수 R&D팀' 팀원으로 발령 난 누구나는 생전 해 본 적 없는 실험이라는 것을 했던 것이었고, 실험 데이터를 조작해 윗사람들을 속인 범죄자가 되어 버렸다. 회장의 아들과 사 팀장은 최소한의 양심이 있었는지, 누구나를 용서해 주는 모양새를 만들어 법적 책임이나 해고까지는 막아 주었지만, 한 사람의 인생은 짧은 시간에 180도 반전되었다. 뭇 여성들로부터 호감의 시선을 받고 회사에서 촉망받던 누구나는 이제 아무도 찾아보지 않는 복도 끝 창고 안에 있는 책상에 자리 잡았고, 그에게 주어지는 일은 아무것도 없었다. 그는 출근하면 자리에 앉아 하루 종일 멍하니 있다가 퇴근했다. 나람 팀장이 매일 점심을 같이 먹으며 챙겨주긴 했지만, 이미 무너진 누구나의 멘털은 다시 돌아오지 않았다.

어느 날부터 누구나는 입에 빵과 초콜릿 그리고 탄산음료를 달고 살았다. 나람 팀장이 건강에 안 좋다고 말렸지만, 누구나는 '괜찮다'며 계속 무언가를 먹었다. 그렇게 살이 찌고 얼굴과 머리에 기름이 번들거리기 시작했다. 그러더니 창고에서 나와 사람들에게 말을 걸며 지냈다. 하지만 예전과 같은 센스 있는 대화가 아니었다. 자기중심적인 이야기를 하며 남의 말을 잘 듣지 않는 모습에 사람들은 점점 누구나를 더 피했다.

그 시기쯤 나람은 나가서 자신의 회사를 차릴 결심을 하고 있었다. 멤

버를 모으고, 자금을 확보하고, 장소를 마련한 다음, 누구나에게 말했다.
"누구나! 나랑 같이 일하자."

"사정 없는 사람이 어딨어?"
 나람 선배의 구구절절한 말을 들었지만, 솔직히 말해 세상에 모든 사람이 각기 사정이 있는 거고, 그런 사정이 있다고 해서 회사에서 일을 저렇게 막 해도 된다는 건 아니었다.
 "뭐! 아픈 과거 있으면 일을 그렇게 못해도 되나? 이런저런 사정 다 봐주면 회사는 어떻게 굴러가?"
 술을 제법 많이 마셨는지, 내 말은 뇌라는 필터를 거치지 않고 그냥 나오기 시작했다.
 "그렇지! 그래서 말했잖아. 그냥 최소한의 예의만 지키고 있는 거라고. 거의 모든 일에서 배제되고 아주 작은 일들만 시키고 있잖아."
 "그것마저도 잘 못하고 있으니까 문제죠, 대표님. 우리 팀과 직접 연관이 없긴 하지만, 옆에서 보기만 해도 답답해. 주변 직원들에게도 좋은 영향을 주지 못하는 것 같고. 그런 일이 있었던 건 안타깝지만, 그건 그 사람 사정이고, 본인이 극복해야지. 무슨 유치원생도 아니고 언제까지 선배가 챙겨 줘? 그건 아니라고 봅니다, 대표님!"
 "그래, 안다. 알아. 나도 요즘 심각하게 고민 중이다. 어떻게 해야 할지."
 나람 선배는 또 깊은 한숨을 쉬고는 술잔에 남은 술을 입안에 털어 넣었다. 나는 그 뒤로 같은 말을 몇 번씩 반복했고, 나람 선배도 취했던 건지, 아니면 그냥 받아 준 건지, 똑같은 대답을 반복하면서 우리 둘은 새벽까지 술을 마셨다.

파마머리는
푹신하다?

여느 날과 다르지 않은 평범한 날이었다. 아직 6월밖에 되지 않았지만, 날이 좀 많이 덥다는 것 정도? 뭐, 땀이 좀 많이 나고 그래서 짜증이 나고, 기분이 약간 나쁜 것 이외에는 매일과 같은 그저 평범한 날이었다. 회사에 들어서자 시원한 에어컨 바람이 끈적한 얼굴을 뽀송하게 만들어 주면서 기분이 좋아졌다.

"아~ 살 것 같다."

정말 말 그대로 살 것 같았다.

"아~ 시원하다."

그때 뒤에서 누구나가 내 얼굴 바로 옆으로 얼굴을 쓱 내밀며 다가왔다. 갑자기 얼굴에 뭔가가 닿았다. 간지럽고 소름이 돋아서 나도 모르게 소스라치게 놀라며 몸을 움츠렸다.

"꺅~ 벌레, 벌레, 벌레!"

나는 뺨을 때리며 없는 벌레를 떼어 내려 했다.

"벌레? 벌레 없는데?"

누구나가 아무렇지도 않은 듯 자기 자리로 걸어갔다. 누구나의 뒷모습을 보는 순간, 내 뺨을 훑은 것이 벌레가 아니라는 것을 깨달았다.

"너… 머리가…?"

"역시 알아봐 주는 건 너밖에 없네. 어때, 괜찮지?"

제대로 된 아줌마의 뽀글대는 파마였다. 컬이 제대로 살아서 완전 꼬불꼬불하면서도 풍성한 정통 아줌마 파마. 저 풍성한 컬이 내 뺨을 훑은 것이었다. 다시 한번 소름이 돋았다.

"어…."

대충 얼버무리며 내 자리로 갔다.

"역시 더운 날 운동을 하니까 뭔가 살이 확 빠진 느낌이야."

옥상 정원에서 운동을 하고 왔는지, 얼굴은 멀리서 봐도 끈적끈적해 보였고, 와이셔츠 양옆 겨드랑이 쪽에는….

"아~ 시원하다~"

'위잉~'

누구나가 손 선풍기로 얼굴과 양쪽 겨드랑이를 말리고 있었다. 보고 싶지 않은 광경이었지만, 아무리 안 보려 해도 보였다. '왜 사람의 눈은 시야각이 이렇게 좋은 걸까?' 하는 생각을 하며 컴퓨터를 켰다. 익숙하면서도 불쾌한 그 냄새가 스멀스멀 퍼져 오기 시작했다. 외국인들에게서 많이 난다고 하는 특유의 암내. 누구나를 바라보니 그는 아예 팔을 들고 손 선풍기로 그곳을 말리고 있었다. 이건 아니다 싶었다.

"누구나 과장님!"

코로 숨 쉬는 것을 참으며 단호한 목소리로 누구나를 불렀다.

"왜 그렇게 불러? 낯설게."

느끼한 표정을 지으며 말하는 누구나를 향해 "원래 우리가 그렇게 친

근한 사이는 아니거든." 하며 소리치고 싶었다.

"아무리 그래도 팔을 들고 그렇게 말리는 건 아닌 것 같은데요. 운동을 하셨으면 옷을 갈아입으시는 게 좋을 것 같네요."

왜 그러냐는 누구나의 반응에 대꾸도 하지 않고 단호한 말투로 말했다. 코로 숨을 쉬지 않으면서 말하려니 약간 코맹맹이 소리가 나긴 했지만 어쩔 수 없었다.

"아~ 쏘리!"

누구나가 '킁킁' 하며 자기 겨드랑이 냄새를 맡았다.

"우~ 냄새가 좀 나네. 알았어, 옷 갈아입고 올게. 민감하긴."

누구나는 능글맞게 웃으며 가방에서 옷을 꺼내 화장실로 향했다. 그는 나갔지만 여전히 남아 있는 그 뭐랄까, 양파 냄새 같은 잔향이 사무실에 남아 있었다. 나람 선배로부터 얘기 들었을 때 '그건 그 사람 사정'이라고 말은 했지만, 그래도 안타까운 마음이 들긴 했었다. 그래서 좀 더 친절하게 대해야겠다고 생각했지만, 이런 누구나의 행동들 때문에 그런 생각은 하루도 가지 않았다.

"하아~"

한숨을 쉬며 아웃룩을 켰다.

"뭐야? 신규 프로젝트의 건…?"

부장님으로부터 '신규 프로젝트의 건'이라는 제목의 메일이 와 있었다. 불안한 마음으로 메일을 클릭했다.

"아, 진짜 왜 이러시는 거야?"

이메일에는 기존에 진행 중인 프로젝트에 신규 타깃 물질에 대한 연구 개발을 추가할 수 있는지 묻는 질문과 함께, 신규 타깃 물질과 그 시장성에 대한 내용이 빼곡히 적혀 있었다. 읽고 싶지 않았지만, 부장님에게 안 된다고 말하려면 내용을 알고 있어야 할 것 같았다. 그래서 부장님이 보낸 이메일과 첨부된 파일을 차분히 읽기 시작했다.

"뭐야? 뭐가 그리 심각해?"

그때 또 누구나가 내 얼굴 바로 옆으로 쓱 자기 얼굴을 들이밀며 나타났다. 세수를 했는지 비누 냄새가 나긴 했지만, 입냄새 때문에 비누 냄새가 묻혀 버린 느낌이었다.

"부장님 이메일."

내가 몸을 옆으로 기울이며 대답했다.

"왜 또. 뭘 시켰어?"

누구나가 책상 구석에 오른손을 대고 옆으로 몸을 약간 기울이며 느끼한 표정을 지으며 물었다. 누구나는 종종 이렇게 사람들에게 말을 붙였다. 그냥 적당한 거리에서 말을 걸면 되는데, 꼭 상대방 뒤에서 얼굴을 쓱 들이밀고는 최대한 가까운 거리를 유지하며 말을 건다. 누구도 그 행동을 좋아하지 않아서 그저 상황을 피하려고만 하지, "싫다."라고 하거나 "하지 마."라고 직접적으로 말하지는 못했다. 느끼한 표정을 짓고 있는 누구나를 보며 머릿속이 복잡해졌다.

'싫다고 말할까? 이렇게 하지 말라고 말할까? 아니야, 기분 나빠하겠지. 기분 나쁜 게 뭐 어때? 나랑 다른 직원들은 매일 불쾌한데. 아니야, 그래도 그건 예의가 아니지. 그럼 이건 예의에 맞는 건가?'

"김 팀장, 뭐 해?"

누구나가 내 앞에서 손가락을 튕기며 불렀다.

"어? 아니야! 일단 나 바쁘니까 좀 가 줄래?"

나는 누구나를 옆으로 억지로 밀어 냈다. 지금 부장님과 이 문제를 해결해야 했다. 안 그래도 일에 치여 죽겠는데, 이런 식으로 상의도 없이 일을 추가하는 건 정말 아니니까. 누구나를 밀어 내고, 우리 팀의 현재 상황을 정리하며 지금 이 시점에서 추가적인 일을 받는 게 불가능하다는 내용을 준비하기 시작했다. 머릿속으로 정리해도 되지만, 나는 항상 이렇게 직접 글로 정리하는 편이었다. 그래야 말할 상대를 만났을 때 좀 더 조리 있고 설득력 있게 내 의견을 전달할 수 있었기 때문이다. 그렇게 준비하고 있는데 부장님이 출근했다.

"부장님!"

부장님이 시야에 들어오자마자 자리에서 일어나 부장님에게 달려갔다. 빠르게 처리해야 했다. 부장님에게 반격할 시간을 주면 안 되었다. 그랬다간 일에 파묻혀 나와 우리 팀원들이 모두 죽어 버릴 수도 있을 테니까.

"어, 김 팀장. 좋은 아침."

부장님이 인사를 하며 슬쩍 자기 자리로 도망치듯 가는 것을 끝까지 따라붙었다.

"부장님, 이메일 봤습니다."

"어, 봤어? 그럼 그렇게 진행해."

"그래서 그거 때문에 말씀드리려고요."

"뭔 얘기를 해? 나 지금 바빠."

부장님의 대답은 무시하고 내 말을 이어 가기로 했다. 지금 "네, 나중에 말씀드릴게요."라고 말하는 순간 걷잡을 수 없게 될 테니까.

"부장님, 근데 어떻게 그렇게 자세히 알아보셨어요? 자료 알아보시고 정리하시느라 고생하셨을 것 같아요."

우선은 칭찬으로 밑밥을 깔아야 했다. 상사들은 특히 자기를 치켜세우는 말에 약하니까.

"아이, 뭘. 그냥 어제 밤늦게까지 좀 알아보느라 좀 피곤하긴 했지. 정리도 알아보기 쉽게 개괄식으로 하고, 레퍼런스도 따로 붙여 주고."

노 부장이 으스대며 말했다.

'밤늦게까지는 무슨…. 어제 저녁 8시쯤 보내 놓고는. 그리고 개괄식 좋아하시네, 엉망진창 정리였구먼.'

"맞아요. 부장님이 주시는 자료는 언제나 깔끔하다니까요."

속이 뒤집히는 걸 참으며, 최대한 가식적으로 웃음을 만들어 내며 부장님을 띄워 드렸다.

"허허."

노 부장이 기분이 좋아졌다.

'좋아, 지금이야.'

"아, 부장님. 지난번 말씀하셨던 살인진드기 바이러스 진단 키트 개발 말인데요. 이제야 항원 클로닝이 끝났어요. 좀 늦었죠. 빨리한다고 했는데, 다른 일들이 많아서요. 이미 진행 중인 게 5개 정도 더 있어요. 항원도 생산해야 하고 항체도 만들어야 되느라 많이 늦었어요. 죄송해요."

우선 가장 최근에 맡긴 일을 언급하며 일이 많다는 점을 자연스럽게 강조하는 데 성공. 이다음에는 밑에 연구원들이 요즘 많이 힘들다는 걸 강조해야지.

"그리고 저희 팀원들…."

"어, 그럼 살인진드기를 홀드 하고 내가 이번에 말한 걸 먼저 진행해."

"네? 무슨 말씀이세요?"

"살인진드기를 홀드 하라고."

"아니, '그거 당장 해야 된다. 다른 것들 늦어도 좋으니 빨리해라.' 하고 닦달하셨잖아요. 그런데 이미 진행 중인 것들 멈추라뇨? 야근하면서 다 같이 열심히 진행하고 있었는데…."

바로 한 달 전에 목에 핏대를 세우며 살인진드기 키트를 빨리 만들라고 닦달해 놓고선, 너무 쉽게 홀드 하라고 말하는 부장님의 태도가 너무 어이가 없었다.

"그런데 그게 늦어지고 있다며? 그러니까 그거 홀드 하고 이거 먼저 하라고. 나 지금 곧바로 사장님 회의 가 봐야 해. 김 팀장, 수고."

노 부장이 당황한 나를 두고 자연스럽게 사무실을 빠져나가 버렸다. 이 능구렁이 같은 노친…. 아니, 중년 남성 같으니. 회사 일이 장난도 아니고, 무슨 손바닥 뒤집듯 이랬다저랬다. 너무 열이 받았다. 이를 갈며 내 자리로 돌아가려는데, 누구나가 컴퓨터를 보고 있는 송규 씨 뒤에서 얼굴을 쓱 들이밀며 말을 붙였다. 송규 씨가 움찔하며 허리를 옆으로 거의 90도까지 꺾으며 피했다. 그런 송규 씨를 보며 누구나는 씩 웃더니 또 말을 걸었다. 마치 사람들이 깜짝 놀라는 걸 즐기는 것 같았다. 갑자기 뱃속 깊은 곳에서부터 화가 치밀어 올랐다.

"야~ 누 과장!!!"

내 큰 고함 소리에 누 과장을 포함한 주변 직원들의 시선이 모두 나에게 쏠렸다.

"야! 제발 사람 일하는데 뒤에서 그렇게 얼굴 들이밀지 말라고! 그렇게 가까이 얼굴을 들이대면 얼마나 불쾌하고 소름 끼치는지 알아? 그리고 그렇게 가까이에서 말을 하면 또 입냄새가 얼마나 지독한데! 어? 제발!

제발~ 좀!"

　순간 주변이 조용해졌다. 마치 아무도 없는 사무실처럼 창문 밖의 소음과 '웅웅' 하는 탕비실 냉장고 소리만 들려오고 있었다. 이렇게 쏘아붙이면 보통 사람 같으면 대꾸라도 할 법한데, 누구나는 고개를 떨구고 조용히 자기 자리로 돌아갔다. 나도 더 이상 아무 말 없이 내 자리에 가서 앉았다.

　이렇게 소리를 질렀으면 기분이라도 후련할 줄 알았는데, 전혀 그렇지 않았다. 오히려 더 찜찜하고 눅눅한 기분이었다. 흥분으로 빨라진 호흡과 맥박이 조금씩 진정되면서 '내가 너무 심했나?' 하는 생각이 들긴 했지만, 나는 누구나에게 미안하다는 말을 하지 않았다.

그냥
그렇게
흘러간다

그렇게 생각했다. 감정이 걷잡을 수 없을 때, 마치 누군가 내 입을 억지로 벌려 독을 집어넣는 것 같은 기분이 들 때, 당장 쓰레기통을 찾아 다 게워 버리고 싶을 때, 누구나에게 그 모든 걸 쏟아 내듯 소리친 것은 내 잘못이 아니라고. 그 모든 건 누구나가 자초한 것이라고.

누구나가 입냄새가 나지 않았더라면. '빵만 먹으면 살이 안 찐다'거나 '걷기만 하면 살이 빠진다'는 얼토당토않은 말을 지껄이지 않았더라면. 땀이 흥건한 겨드랑이를 드러내며 선풍기 바람을 사방에 뿌려 대지 않았더라면. 뒤에서 기분 나쁘게 얼굴을 들이밀지 않았더라면 내가 그러진 않았을 테니까. 이건 모두 누구나의 탓이었다.

그래서 난 당당하게 행동했다. 평소 굽어 있던 어깨도 일부러 펴고 다녔고, 턱도 15도쯤 들고 다녔다. 평소 잘 신지 않던 굽 높은 구두를 일부러 신었고, 자연스럽게 터벅터벅 걷던 걸음걸이도 또각또각 소리를 내며 당당함을 주변에 퍼뜨렸다. 난 잘못한 게 없었으니까. 주변에서도 "너무 잘하셨어요.", "한 번은 저런 말 들어야 정신 차리죠.", "속이 다 시원했어요."라는 등 응원의 말들을 해 줬다. 그래서 난 더 내 행동이 옳았다고 생각했고, 한 치의 미안함도 없었다. 없었는데…. 쟤는 도대체 왜 저러는 걸까? 이래선 내가 오히려 드라마에서 주인공을 괴롭히는 빌런 같잖아. 그날 이후 누구나는 눈에 띄게 주눅이 들어 있었다. 내가 당당히 걸어가서 당당하게 인사를 하려 해도 항상 나를 피했고, 어쩌다 마주치면 내가 인사할 기회를 주지 않고 고개를 푹 숙인 채 황급히 다른 곳으로 도망쳤다. 생각보다 많이 소심하다고 느꼈고, 그럴 수 있다고 생각했다.

그런데 나한테만 그런 게 아니었다. 누구나는 모든 사람에게 그런 행동을 보였다. 하루 종일 일을 하면서 마치 눈치를 보는 것처럼 주변을 계속 살폈고, 자꾸 뭔가를 먹었다. 평소보다 두 배는 더 많이. 묻는 말에도 거의 대답하지 않았고, 일적인 대화도 상대방이 일방적으로 말을 하고 가면 이메일로 답을 보내며 일을 처리했다. 그렇게 한 달이 지나자 내 머릿속에 '직장 내 괴롭힘', '따돌림', '왕따' 같은 단어가 맴돌기 시작했다. 하지만 해야 할 일이 산더미였기에 그런 누구나에게 신경 쓰는 일이 점점 줄어들었다. 그리고 두 달이 지난 지금은 서로 인사도 하지 않고 대화도 하지 않는 것이 불편하지 않을 정도가 되었다.

그러던 어느 날, 비가 추적추적 내렸다. 출근길, 지하철 창문에는 빗방울이 요란하게 맺혀 있었다.

'지하철 창문에는 발수 코팅을 안 하나 보네?'

집에 있는 자동차에는 매해 여름만 되면 남편이 발수 코팅 제품을 사서 유리에 발라 놓는다. 그러면 아무리 비가 많이 와도 시야가 잘 확보됐다. 사람 마음도 그랬으면 좋겠다는 생각이 문득 들었다. 회사에서든, 상사에게든, 친한 친구에게든 상처받는 말을 듣더라도 마음속에 계속 들러붙어 괴롭히지 않고 그냥 흘러내리면 좋겠다는 생각.

'누구나한테 제일 필요하겠다.'

지금까지 지켜본 누구나는 누구보다 상처 되는 말을 가슴에 오래 품고 있는 사람 같으니까.

"아!"

갑자기 아이디어가 떠올랐다. 나는 곧바로 ○팡 앱을 켰다. 다음 날 아침. 회사에 들어오니 여전히 누구나는 주변도 살피지 않고 한껏 웅크린 채로 컴퓨터만 응시하고 있었고, 입은 계속 오물거리고 있었다. 두 달 사이에 몸이 1.2배 정도는 불어난 것 같았다. 그런 누구나의 책상으로 나는 성큼성큼 걸어갔다. 내가 다가가는 것을 느꼈는지 누구나는 움찔움찔하며 움직이지도 않는 의자를 반대쪽으로 틀려고 애썼다.

'탁!'

조용한 아침에 커다란 소리와 함께 나의 돌발 행동에 모두의 시선이 나에게 쏠렸다. 누구나도 깜짝 놀라 몸을 뒤로 젖혔다.

"이거 자동차 유리에 바르는 발수 코팅제야."

누구나는 그게 무슨 말인지 모르겠다는 듯이 커다란 눈으로 나를 쳐다보았다.

"네 마음에 이걸 발라. 그래서 나나 다른 사람이 너한테 상처 주는 말을 하면 다 흘러 버리게 하라고."

이 말을 해 놓고 나는 뿌듯함에 "멋졌어. 정말 난 멋진 사람이야."라며 스스로를 칭찬했다. 이제 누구나의 감동 어린 표정을 보며 "앞으로도 너에게 도움 되는 말을 많이 할 거니까 상처받지 말고 서로 잘 성장해 보자."라는 식의 대화를 나누는 모습을 상상하며 누구나를 쳐다보았다. 하지만 누구나의 표정은 내가 기대했던 감동과는 전혀 거리가 멀었다. 오히려 인상을 더 찌푸리고 있었다.

"아니, 이거…."

"이만 가 줄래?"

누구나는 내가 말을 마치기도 전에 말을 끊고 발수 코팅제를 들어 나에게 건네며 말했다.

"어…."

창피함에 얼굴이 달아오르더니 금세 벌게졌다. 나 나름 그 사람을 위해 고민해서 이렇게 먼저 다가갔는데, 이렇게 거절을 당했다는 생각에 화가 나기도 했다.

"꺄하하하하!"

"왜 웃어?"

속상한 마음에 20년 지기 대학 친구인 진희에게 전화를 해서 얘기했더니, 전화기 너머에서 완전히 숨이 넘어갈 듯 웃어 댔다. 기분이 나빠서 까칠하게 왜 웃냐고 물었다.

"아, 너무 웃겨. 발수 코팅제를 마음에 바르라는 게 뭐냐? 아, 완전 오글거려."

나쁜 기지배, 돌려 말하는 걸 전혀 모르는 기지배.

"나 나름 누구나를 위해 고민하고 고민한 말이었다고! 이 관계를 개선하기 위해서, 걔를 위해서."

"아, 오랜만에 눈물까지 흘리겠네. 아, 웃겨. 야, 그만 좀 웃겨. 뭘 관계 개선이고 뭘 걔를 위해서야. 순전히 네가 편하자고 그런 거면서."

"아니거든! 맨날 혼자 쭈그리처럼 앉아서 사람들하고 인사도 잘 안 하고, 혼자 빵이나 먹고 있고, 밥도 혼자 먹고…. 안쓰러우니까! 그리고 내가 화낸 것도 있고 하니까."

"그럼 그건 가서 조용히 미안하다고 하면 되지. 그렇게 거창하게 사람들 이목 끌고 그런 대사를 하냐? 그건 결국 네가 더 나은 사람이고 좋은 사람이라고 과시하고 싶었던 거잖아."

"아니, 무슨 말을 그렇게 하냐?"

"그러면 나한테 뭔 말을 바라서 전화한 거야? 뭐, '우쮸쮸.'라도 해 주길 바랐어? 너, 나한테 전화한 건 팩트를 알고 싶어서 한 거 아니야?"

맞는 말이긴 하다. 가끔 이해 안 되는 일이 있을 때마다 진희에게 전화를 하면 가감 없고 미사어구 없는 화법에 살짝 화도 나고 짜증도 나긴 하지만, 정확한 현실 파악은 되곤 했다.

"그리고, 좀. 인사도 안 하고 혼자 밥 먹고 그러면 어때? 나도 가끔 그래. 그냥 기분 안 좋고 컨디션 안 좋으면 회사에서 말도 안 하고 혼자 밥 먹고. 내 기분이 풀어질 때까지. 그럴 때 회사 사람 중 누군가가 말 시키고 친한 척하면? 그거 완전 짜증 난다."

"그럼 어쩌라고. 불편해 죽겠다고."

"뭘 어째. 그냥 신경 꺼! 왜 자꾸 그 사람을 네 입맛에 맞는 사람으로 만들려고 해? 그냥 둬! 그러다가 그 사람이 회사를 그만두든, 아니면 그냥 잘 다니든, 그게 뭔 상관이야? 너랑 일 겹치는 것도 없다면서. 그냥 그런 사람도 있고, 너처럼 착한 척하려는 사람도 있는 거야."

"끊어!"

전화를 확 끊어 버렸다. 어떻게 그렇게 콕콕 아픈 곳만 잘 집어내는지, 진희가 얄미워 죽겠다. 특히 "너처럼 착한 척하려는 사람도 있는 거야."

라고 비꼬는 말에 너무 기분이 상했다.

"짜증 나."

그렇게 다시 회사로 들어가서는 진희 말대로 그냥 신경을 꺼 버렸다 (진희 그 기지배 말대로 한다는 게 또 살짝 기분이 나쁘긴 했지만). 말처럼 쉽게 신경이 꺼지진 않았지만, 노력하니 점점 가능해졌다. 누구나가 쩝쩝 소리를 내며 빵을 먹든지, 하루 종일 아무 말 없이 어깨를 움츠리고 컴퓨터를 하든지, 다른 사람들과 대화를 하는 말든, 이제 그런 것들이 점점 보이지 않게 되었다.

굳이 그 사람의 행동이 마음에 안 든다고, 혹은 그 사람 자체가 마음에 안 든다고 판단하고 구분하고 비방하며 내 기준에 맞게 바꾸려 할 필요가 없었다. 내 인생 살아가기도 바쁜데 왜 남에게 그렇게 내 에너지를 낭비할 필요가 있겠는가? 그냥 그대로 흘러가게 두면 되는 것이었다. 이런 사람, 저런 사람이 모여서 만들어진 게 인생이니까. 그 사람이 마음에 안 들면 적당한 거리를 유지하면 된다. 이 말이 내 머리에서 나온 게 아니라, 그 잘난 진희가 술자리에서 잔뜩 퍼마시고 취해서 한 말이라는 것이 달갑지는 않지만, 맞는 말인 것 같았다. 그렇게 지내던 어느 날, 이제 제법 추워진 날씨에 두꺼운 패딩을 입고 다니기 시작한, 어느 아침이었다.

"나, 너 용서했다."

"깜짝이야."

누구나가 몇 개월 만에, 내 뒤로 조용히 와서 얼굴을 들이밀며 말했다. "용서했다."라니. 그리고 행동도 전혀 바뀌지 않았다. 입냄새도. 황당한 얼굴로 허리를 젖혀 누구나를 쳐다보았다. 선명한 2 대 8의 기름진 가르마, 거뭇한 수염 자국 그리고 느끼한 미소. 누구나는 그대로였다.

"용서했다니…? 무슨 말이야?"

내가 의아한 표정으로 물었다.

"지난번 네가 나한테 소리 지른 거 용서했다고. 이제 나한테 인사해도 돼."

누구나가 손으로 머리를 쓱 넘기며 말했다. 느끼한 미소와 함께. 그런 누구나를 쳐다보며 나람 선배에게 들었던 누구나의 상처, 고등학교 때의 모습 그리고 이 회사에서 봐 왔던 누구나의 모습들이 머릿속에서 마치 드라마 장면처럼 스쳐 지나가고 있었다.

사람의 성격이라는 것이 쉽게 바뀌지 않는다고는 하지만, 사실 살아가면서 여러 가지 경험을 통해 누군가는 조금씩, 누군가는 아주 크게 바뀔 수 있다는 생각이 들었다. 그리고 그것은 누군가의 영향이나 주변 환경의 영향이라는 핑계를 댈 수 있지만, 결국 본인의 의지와 결정으로 이루어진 결과물이라고 생각했다. 자유 의지로 스스로 선택한 자기 성격인 것이다. 그렇다면, 그 성격으로 인한 인간관계와 사회적 관계 속에서 일어나는 모든 일들은 본인 스스로 책임을 져야 한다는 뜻이 된다.

그렇다면 내가 지금 누구나에게 "아니, 난 그때 그 일이 잘못된 거라고 생각되지 않아! 그리고 난 오히려 누 과장하고 적당한 거리를 두고 지내는 게 편해!"라고 말해도 된다는 것이었다. 그래, 내가 굳이 누구나를 배려해 주고 맞춰 줄 필요가 뭐가 있어.

"김 팀장! 괜찮아? 갑자기 멍때리고 있어?"

"어? 어…."

말하자. 시원하게.

"난…."

"그래, 그전처럼 편하게 지내자."

누구나가 내 어깨를 한 번 툭 치더니 씩 웃고 자기 자리로 돌아갔다.

"어… 그래…."

결국 이것도 내 성격이다. 대놓고 모질게 못 대하는 것. 누구나는 그 뒤로도 예전과 똑같은 모습으로 지냈다. 나도 이제 누구나의 행동을 지적하거나 고치려고 하지 않았고, 처음처럼 누구나의 행동 하나하나를 신경 쓰지 않았다. 나도 이제 이 회사의 다른 사람들처럼 누구나를 무신경하게 대했다.

누구나는 그렇게 1년 정도 더 회사를 다니다가 몸이 좀 안 좋다며 회사를 그만두었다. 사실은 해고당했다는 것을 모두 알고 있었지만, 누구나는 끝까지 자기 몸이 안 좋아서 그만두는 것이라며 회사를 떠났다.

누구나가 나간 후, 모두들 "이제야 속이 후련하네. 저런 월급 루팡은 진작에 잘렸어야 했는데.", "이제 회사가 제대로 굴러가겠네."라며 떠들어 댔다. 마치 이제는 더 이상 뒷담화할 사람이 없을 것처럼. 마치 이제는 모두 훌륭한 사람들만 회사에 남은 것처럼 말이다. 하지만 그 시간은 오래가지 않았다. 누구나가 사라지니 다시 그 누구나를 대체할 뒷담화 대상을 찾기 시작했고, 사람들은 그렇게 찾아낸 제2의 누구나를 안주 삼아 떠들어 대기 시작했다.

나는 문득 이런 생각이 들었다.

"어쩌면 나도 누군가에게는 누구나가 아닐까?"

에필로그

1년 후.

여전히 싸가지 없는 부장과, 착하고 좋아하는 선배이긴 하지만 대책 없이 일을 벌이는 대표님 때문에 쌓인 스트레스를 풀기 위해, 팀원들과 함께 회사 근처 '단비'라는 철판구이집에서 맛있는 음식을 먹고, 하이볼 몇 잔을 가볍게 마셨다.

먹을 때는 좋았는데, 온몸에 밴 기름 냄새 때문인지 지하철에 올라타자마자 내 옆자리에는 사람들이 앉지 않는 것 같은 느낌이 들었다. 꾸벅꾸벅 졸고 있는데, "어? 김 팀장."하고 어딘가 익숙한 듯하면서도 낯선 목소리가 들려왔다.

"김 팀장 맞네. 잘 지냈어?"

잠결에 들리는 울리는 듯한 목소리와 함께, 훤칠하고 날렵한 몸매의 실루엣이 보였다.

"누구…?"

"어, 나야. 누구나."

"나… 누구나?"

순간 눈이 번쩍 떠졌다. 내 앞에서 환하게 웃으며 서 있는 이 사람이 정말 누구나라고?

"반갑다. 잘 지내?"

누구나가 자연스럽게 내 옆자리에 앉으며 안부를 물었다.

"어… 그냥… 그렇지…. 어…. 근데 너…."

만약 내가 고등학생 때의 누구나 모습을 기억하지 못하고, 회사에서 봤던 그 누구나의 모습만 알고 있었다면, 아마 절대 못 알아봤을 것이다. 컨버스 운동화에 일자 청바지, 후드티에 모자를 눌러 쓴 캐주얼 한 차림에 피부도 몰라보게 좋아져 있었다. 40대 중반이 아니라 30대 중반이라 해도 믿을 정도의 모습이었다.

"모습이 좀 변했지?"

"좀이 아니라… 이건…."

"하하, 회사 그만두고 나니까 스트레스가 확 줄어서 그런가? 기분도 좋아지고, 헬스장을 좀 다녔더니 살이 쫙쫙 빠지더라고. 예전 옷들 다 버리고 새 옷 사느라 돈 좀 들었어. 아무래도 백수인데 힘들다~ 넌 여전한 것 같네. 부장님 때문에 많이 힘들지?"

이건 단순히 외모만 바뀐 게 아니라, 성격과 말투까지 완전히 변한 것 같았다.

"어… 어…. 덕분에 일에 치여 살지. 근데 너 진짜… 멋져졌다."

연예인을 실물로 보면 이런 느낌일까. 그냥 계속 입을 벌린 채 넋을 놓고 누구나를 바라보며 멋지다는 말이 절로 입 밖으로 나왔다.

"고마워. 아! 난 여기서 내려야 하는데, 우리 다음에 기회 되면 또 보자."

지하철이 멈추자 누구나가 웃으며 인사를 했다. 나는 대답도 못 하고 멍하니 손만 흔들었다. 이건 마치 청춘 드라마 속 주인공을 본 것 같은 기분이었다. 그 순간, 내 몸에서 올라오는 기름 냄새와 입에서 나는 마늘 냄새가 역하게 느껴졌다. 몸을 돌려 지하철 창문을 보았다. 일에 지쳐 다크서클이 내려오고, 떡이 진 머리를 한 여자가 우울한 표정으로 나를 바라보고 있었다.

'세상일 알 수 없다더니⋯.'

허탈한 마음으로, 누구나가 내린 문만 멍하니 바라보며 내 목적지까지 갔다.